地域が主役の自治体災害対策

参加 協働 連携の減災マネジメント

阪本真由美 著

学芸出版社

はじめに

1　日本の災害対策システム

日本の災害対策システムは、世界でも他に類をみないユニークな仕組みとなっています。その一方で、複雑でわかりにくいところもあります。私は大学で防災を教えていますが、講義で学生に「日本の災害対策を統括している省庁はどこでしょう」と質問すると、「国土交通省」(30%)「環境省」(17%)「防衛省」(12%)「厚生労働省」「気象庁」(各10%)「復興庁」(7%)「内閣府」「金融庁」(1%)というように多様な省庁名が挙げられます(%は回答者の割合)。なかには、「防災省」「防災庁」「減災復興庁」と存在しない省庁名を挙げる学生もいます。日本では、毎年のように災害が発生していますが、それにもかかわらず災害対策を統括する省庁がどこなのかを知らない大学生が多数いるくらいわかりにくい仕組みです。

このように、学生が日本の災害対策システムを知らないことはやむを得ないことだと思います。なぜなら、災害にどう対応しているのかを、学校教育ではほとんど教えていないからです。小学校・中学校・高等学校の教科書をみても、台風・地震・津波・火山などの災害をもたらす現象（ハザード）がどのように発生するのかというメカニズムの解説や、阪神・淡路大震災、東日本大震災などの自然災害による被害、避難・避難生活などについては記載されていますが、災害対策システムに着目した単元は見当たりません。私自身も、本当のところ、東日本大震災（2011年）の対応に関わるまでは、大規模災害時に国や地方自治体がどう対応しているのかを理解していなかったように思います。

2　地域が主役のボトムアップ型災害対策

日本の災害対策システムがわかりにくい要因は、日本の災害対策が都道府県や市町村などの地方自治体の役割が大きい仕組みになっている点にあります。世界をみると、アメリカには「連邦緊急事態管理庁（FEMA）」が、ロシアには「民間防衛問題・非常事態・自然災害復旧省（EMERCOM）」が、インドネシアには「国家防災庁（BNPB）」がというように、名称は「緊急事態」「非常事態」「防災」と異なるものの、国から被災現場レベルに至る災害対策実務を統括する省庁があります。

このような災害対策を統括・実施する独立した省庁は日本にはありません。防災計画の立案や災害時の省庁間の調整事務は「内閣府」が行っていますが、内閣府は他にも多様な業務を統括しています。

これは、災害対策で最も重要な役割を担うのが国ではなく地方自治体（都道府県・市町村）だからです。災害がおきると、地方自治体が被災者を支援し、国はそれをサポートします。国が中心となり災害対応を行う体制を「トップダウン型」とすると、日本は地方自治体を中心に災害対応を行う「ボトムアップ型」の仕組みです。

かつては、日本でもトップダウン型で災害対応を行っていた時代がありました。現在のようなボトムアップ型の体制に転換するきっかけとなったのは、1959年の伊勢湾台風です。伊勢湾台風は、愛知県・三重県・岐阜県に大きな被害をもたらした台風でした。被災した愛知県には災害対策本部（中部日本対策本部）が設置され、国が被災現場で災害対応にあたりました。被災した地方自治体は復旧・復興に関する事務手続きや予算交渉を各省庁と行ったものの、住民の声が政策に反映されにくいという課題に直面しました。伊勢湾台風の経験を踏まえて災害対策システムは見直され、1961年に災害対策システムを定める「災害対策基本法」が制定されました。被災した地域が主役となり災害に対応できるように、地方自治体の権限が大きくなりました。

3　組織転換による災害対応

地方自治体を中心とする災害対応において、被災住民を支援するという最も重要な役割を担うのは市町村です。それにもかかわらず、市町村には災害対応を専門とする職員はほとんどいません。災害対応を担当する職員の多くは事務職であり、人事異動により配置され2年程度で異動します。市町村がどのように災害に対応しているのかというと、災害が発生する、もしくは発生するおそれがある時には組織全体を「災害対策本部」という体制に転換させ、全職員が災害対応業務に従事します。このことは、地方自治体には、平常時業務／災害時業務という二つの業務モードがあり、災害業務モードに切り替わると、特定の職員だけでなく、全職員が災害対応に参画しなければならないことを示しています。全組織が一丸となって対応しなければならないほど、災害対応は大変な業務です。

組織体制を転換させて災害に対応するには、そのための特殊な組織マネジメント能力が求められます。災害時にどのように業務を進めるのかは、計画に定められています。国は「防災基本計画」を、地方自治体は「地域防災計画」を策定します。ところが、災害は不確実な事象ですので、災害が発生すると、これらの計画に記載されていないような事象が発生します。とはいえ、計画を見直している時間はありません。その場で状況を判断しながら、対応を進める必要があります。つまり、災害に対応するには、計画を策定するだけでは十分ではなく、計画外のことが発生した時に、的確に状況を判断し対応する能力が必要です。

また、全ての自治体職員が災害対応に従事するわけですから、職員全員が災害対応の知識を持っておかなければなりません。それにもかかわらず、そのための人材育成の仕組みが整っていないという課題もあります。なぜなら、日本全体でみると災害は毎年のように起こっていますが、個々の市町村が大規模な災害を経験する頻度はさほど高くないからです。台風の接近や豪雨に伴い2～3日間、避難所を開設するという程度の被害であれば、全職員を動員しなくても、防災担当部局の職員だけで対応できます。そのような経験を積み重ねるうちに、災害対応は防災担当部局がするものだ、という思い込みがうまれてしまいます。地方自治体を基盤とする災害対策には、他の地域で起きた災害対策のノウハウが伝わりにくいという課題もあります。

その結果、大規模な災害が発生すると、災害対策本部へ組織体制を切り替えられない、災害対策本部を機能させることができないという課題が続出します。災害対応は待ったなしです。災害が起きた瞬間から、市町村は、避難所の開設・運営、被災者への食料・物資の提供、被災家屋の被害認定や罹災証明の発給、災害廃棄物の処理、被害額の算定などの膨大な業務に追われます。これらの業務の多くは、平常時には実施することのない業務です。目の前にある問題への対応に忙殺され、急がなければならない重要な課題が先送りされてしまうケースもあります。そうすると、復旧・復興が遅れていきます。災害対策を迅速かつ的確に実施するには、応急対策から復旧・復興に至る災害対策の全体像を把握しつつも、その場の状況に応じて的確に状況を判断して業務を進めなければなりません。

4　組織間連携のためのコミュニケーション

日本の災害対策システムが、地方自治体の役割を重視しているのは、被災した地域住民のニーズに寄り添い対策を進めるためです。ところが、大規模な災害が発生すると、市町村の災害対応を統括するトップ（首長）が命を失う、災害対応の戦力となる職員が命を失う、市町村の本庁舎が被害を受けて使えなくなるといった被害が発生し、行政機能の維持さえ難しい過酷な状況に陥ることがあります。市町村を主体とする災害対策は、市町村の行政機能が維持されるような局所的な災害には効果的ですが、阪神・淡路大震災（１９９５年）、東日本大震災（２０１１年）、熊本地震（２０１６年）のように、市町村自体が被害を受ける大規模・広域災害には対応できないという弱点があります。

そのような弱点を補完するには、国、他の地方自治体、民間組織などの組織間の「連携」と、連携を機能させるための「調整」が不可欠です。また、行政を中心とした公的セクターによる支援（公助）だけでなく、民間セクター（ＮＧＯ／ＮＰＯ、企業など）や、地域コミュニティによる相互支援（共助）が不可欠です。そのために求められるのが、組織間をつなぐコミュニケーションです。

コミュニケーションを効果的に行うには、それぞれの組織が何を目標として行動しているのか、自分の所属する組織との考え方の相違がどこにあるのか、表からは見えにくい組織的な制約を知ることも大切です。互いの組織に対する理解を深めることは、考え方のギャップを埋め連携を容易にします。

5　本書の構成

本書では、以上に述べた地方自治体の権限が強いボトムアップ型の日本の災害対策システムの特徴を踏まえたうえで、どうすれば災害対応を機能させることができるのかを、近年発生した災害の事例分析から検討します。

第1章では、日本の災害対策システムにはどのような特徴があるのか、どのような経緯で現在の仕組みになっているのかを概観するとともに、どう想定外の災害に対応するのかを災害対応の鍵となる災害対策本部の設置と運営に着目して検討します。そのうえで、災害対策本部を機能させるために必要な「状況判断」を、ジャズをモチーフとした「即興」という概念から考えます。

第2章では、「即興」による状況判断の事例として、災害発生時の市町村の業務継続に着目します。災害により被害を受けた状況で、行政サービスをどのように継続するのかを災害時の業務と平常時の業務のバランスから検討します。災害が発生すると、市町村は様々な業務に追われます。災害対応に追われるなかで継続しなければならない業務が、市民への行政サービスの提供と長期的な復興につながる業務です。災害に直面した状況で、これらの業務を継続しつつ即興でどのように業務全体の立て直しを図るのかという、災害時の業務マネジメントの方策を示します。

第3章では、自らの対応力を超える災害に対応するための自治体間の組織連携に着目します。災害対策基本法では、災害の発生により、市町村がその業務を行うことができない時は、他の市町村に職員の「派遣」や「応援」を要請すること、市町村長などが実施すべき応急措置を都道府県知事が実施することを定めています。つまり、災害後に増大する業務については、他の市町村との連携が不可欠です。実際に東日本大震災では、日本全国の自治体から被災自治体に対し支援が行われました。しかし、支援を受け入れる「受援」の仕組みが確立しておらず、支援調整が難しいという課題に直面しました。そこで

「受援」をどのように機能させるのか、そのための方策を示します。

第4章では、市町村の災害対応でも難しい避難所運営に着目します。災害で一命をとりとめても、その後の避難生活の環境が良くなく、それが原因で「災害関連死」に至る事例があります。行政は避難所を開設するものの、長期にわたりその避難所運営にかかわることは困難です。とはいえ、被災して住まいを失い、生活の立て直しを強いられている被災者に、自主的に避難所を運営するよう依頼することも容易ではありません。そのような時に行政と住民をつなぐ役割を担うのが、非営利組織（ＮＰＯ）などのボランティア団体です。ここでは、熊本地震や西日本豪雨（２０１８年）における避難所運営の事例分析から、避難生活の質をどう改善させ災害関連死を防ぐのかを示します。

第5章では、住民の状況判断に着目し、豪雨災害時の避難をめぐる行政と住民との認識ギャップを考えます。市町村は、災害時に住民の避難を促すためにハザードマップを配布するほか、「警報」「注意報」「避難指示（緊急）」などの災害情報を発出しています。それにもかかわらず避難しない人は多数います。そこで、住民がどのように行政による避難情報を捉えているのかを、平成30年7月豪雨で被災した岡山県倉敷市真備町で実施した調査結果から検討します。

第6章では、防災における地域コミュニティの役割を考えます。現在の防災施策の多くは市町村が中心となって実施されており、そこに住民があまり参画していないという問題があります。もともと日本では地域住民が中心となって災害に対応してきました。どうすれば住民が再び主体的に災害対策に取り組むようになるのかが問われています。そのために、２０１３年の災害対策基本法の改正により、新たに導入された仕組みが「地区防災計画」です。地区防災計画は、住民が防災計画を策定し、市町村防災会議にそれを提案することができる住民提案型の制度です。本章では地区防災計画の実践事例から、地区防災計画を通して、どうすれば住民が防災の主役になっていくのかをみてみます。

以上の議論を通し、地域を主役とするボトムアップ型の災害対策システムの特徴・課題を明確にします。そして最後に、現在の災害対策システムで南海トラフ地震のような大規模災害を乗り越えることができるのか、乗り越えるには何を強化しなければならないのかを考えます。

目次

地域が主役の自治体災害対策

第1章

市町村の災害対策を機能させる

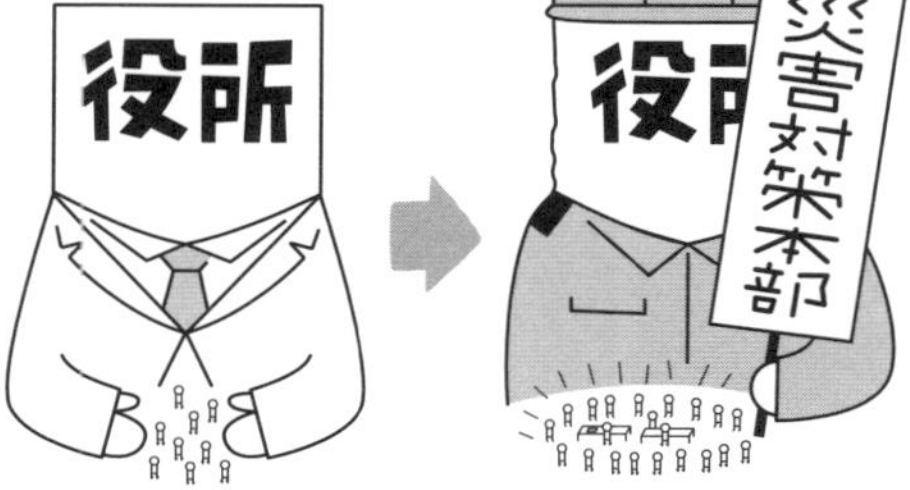

1 日本の災害対策システムの特徴と課題

本章では、日本の災害対策システムにはどのような特徴があるのかを概観します。そのうえで、どうすれば災害に適切に対応することができるのか、市町村の災害対応の鍵を握る「災害対策本部」という仕組みに着目して考えます。

日本では、災害の規模を問わず、住民の生命・身体・財産を守る一次的な災害対応の責務は地方自治体にあります。なかでも、市町村は、住民の生命を守るとともに、被災した住民に支援を提供するという大きな役割を担っています。なぜ地方自治体の役割が重視される体制になったのかは、第2節において歴史的経緯を踏まえて述べます。

市町村がどのように災害に対応しているのかというと、災害が発生する、もしくは発生するおそれがある時には「災害対策本部」を設置して、職員が災害に伴い発生する様々な業務に対応します（災害対策基本法第23条、第23条の2）。災害対策本部とは、市町村が臨時で取る組織体制のことです。災害対策本部が設置されると、市町村長がトップ（災害対策本部長）に、市町村長が任命する職員が本部員を務め、全職員が一丸となって災害に対応します。災害対策本部が設置されることにより、市町村の組織全体が災害対応モードに切り替わります。特定の部局や職員のみが災害対応にかかわるのではなく、組織体制そのものを転換させ、全庁として災害に対応する（以下、「全庁体制」）という点では、日本の災害対応はユニークです。

とはいえ、災害対応のために組織全体の体制を変えるわけですから、それを運用するには特殊な組織マネジメント力が求められます。それにもかかわらず、そのための専門的な人材育成の仕組みは十分に整備されていません。もちろん、市町村には、防災・危機管理業務を統括する部局（危機管理課、危機対策課、防災課、総務課など名前は多様です）はありますが、そこで勤務する職員の多くは災害対応のみに従事しているわけではなく、平常時には防災計画の策定、防災の普及啓発などの業務に携わっています。職員のほとんどは事務職であり、人事異動により配属され、２年前後で異動します。人事異動を繰り返す仕組みには、多数の職員が業務を経験することができるというメリットがあるものの、業務に慣れた頃に職員が異動してしまい、専門的な知見が集積されにくいというデメリットもあります。

災害対策本部を設置するための備えが十分でないと、災害対策本部を設置できない、災害対策本部を設置しても上手く機能させられないなどの課題が続出します。本章では、そのような事態に陥らないために、どうすれば災害対策本部をうまく機能させることができるのか、その方策を過去の災害対応の事例から考えます。

2 災害対策システムができるまでの動き

ここでは、日本の災害対策システムがどのような背景で生み出されたのか、その経緯をたどります。日本の災害対策システムは、「災害対策基本法」（昭和36年法律第223号）により定められています。災害対策基本法は、その名の通り災害対策の基本を定めています。それにもかかわらず頻繁に改正されています。これは、災害が起こるたびに新たな課題が提示され、そこから得られる知見が法律に反映されているからです。基本法の頻繁な改正が求められるほど、災害は事前に予見することが難しい不確実な事象ともいえます。

災害対策基本法の第1条には法の理念が、第2条には災害の定義が、第3条には国、第4条には都道府県、第5条には市町村の責務が定められています。都道府県・市町村などの地方自治体には、地域並びに住民の生命、身体及び財産を災害から保護するため、防災に関する計画を作成するとともに、法令に基づきこれを実施する責務があります。なかでも市町村は、警報や避難指示などの情報の伝達、被災者の保護、被災者の援護など、住民の命を守ることに直結する対応の責務を担っています。

もともと日本の災害対策は、国が統括する仕組みでした。第二次世界大戦直後は、総理府官房審議室

写真1・1　伊勢台湾台風の被害状況（三重県桑名市）
（資料提供：国土交通省木曽川下流河川事務所）

が災害対策を統括していました。これは、第二次世界大戦後に策定された「国土総合開発法」（昭和25年5月26日法律第205号）の国土総合開発計画に「水害、風害その他の災害の防徐に関する事項」（第2条2）が定められており、同法を所管していた総理府官房審議室が関連する業務を担当したことによります。

このような国を中心とする災害対策の課題を提示したのが、1959年の伊勢湾台風でした。伊勢湾台風は、愛知県・岐阜県・三重県を中心に、高潮と強風により死者・行方不明者5098人[*1]という甚大な被害をもたらしました（写真1・1）。台風の大きさや進路などからは、大きな被害が発生することが予測されたにもかかわらず、水防体制や避難情報の伝達体制は十分ではなく、それが被害の拡大につながりました(1)。高潮により堤防が破堤し、浸水被害は長期化しました。広域かつ甚大な被害に対応するために、国は「中央災害救助対策協議会」（会長は内閣総理大臣）を設置するとともに、被災した愛知県庁に「中部日本災害対策本部」（本部長は国務大臣）を設置しました。国が東京を離れて、被災現場に出向いて対応しました。

　被災現場の状況をみながら迅速に意思決定を行えるよう、中部日本災害対策本部には、中央省庁の次官が副本部長として、部局長が本部員として派遣されました。とはいえ、復旧・復興に関する予算を確保し、事務手続きを行うために、被災自治体は各省庁と個別に協議をしなければならず、現場の意見が政策に反映されにくいという課題に直面しました。当時は、災害が起こるたびに特別法を制定して対応していましたが、そのつど被災自治体の長は、各省庁に状況を説明しに行かなければなりませんでした。[*2]そこで、災害が起きた後に対応するのではなく、防災に関する計画をあらかじめ策定しておくとともに、災害対応における地方自治体の権限が確保されるよう、災害対策の基本となる法律の整備に向けた動きが高まりました。[*3]

　災害対策に関する法律の検討は、総理府官房審議室、自治省[*4]、自民党、社会党などにより行われました。[1]なかでも自治省は、伊勢湾台風の経験から災害対策における地方自治体の権限と責務の確保を重視していました。[2]最終的に、自治省の策定による「防災基本法案要項」をベースに検討が進められた法案が「災害対策基本法」として１９６１年5月に開催された第38回国会において提案・審議されました。ところが、国会審議中にデモ隊が突入したことにより審議は中止し、法案採択は見送られました。

１９６１年は風水害が相次いで起こりました。９月16日には第二室戸台風が近畿地方を襲い、死者・行方不明者２０２名という大きな被害をもたらしました。これが追い風となり、１９６１年10月に開催された第39回臨時国会において、再び法案が提案・審議され、採択されました。市町村の権限が大きいのは、伊勢湾台風などの災害対応の経験から、住民に最も近い立ち位置にある地元自治体の権限を確保することにより、被災者に寄り添い支援することを意図しているためです。

なお、中央政府については、１９７４年に国土庁が設立され、災害対策基本法に関する業務は、総理府官房審議室から国土庁防災局に移管されました。その後、阪神・淡路大震災（１９９５年）の経験から体制が見直され、２００１年の中央省庁の再編により内閣府に防災担当大臣が設置され業務が移管されました。とはいえ、内閣府は多様な業務を担当しており、防災を担当する職員は２００名弱と少なく、その多くは他省庁・地方自治体・民間企業などからの出向となっています。また、復興業務については、東日本大震災（２０１１年）の復興過程では復興庁が設置されましたが、これは東日本大震災の復興のために設置された時限的な省庁であり、他の災害の復興には対応しているわけではありません。毎年のように災害が起きているにもかかわらず、国の体制は脆弱です。職員が頻繁に異動するため過去の災害対応の知見が対策に活かされにくいという課題もあります。災害対策を強靭なものにするには、事前対策、災害対応、復旧復興を統括する防災省のような独立した省庁が必要です。

3 災害が起きた時の対応体制

(1)「災害」とは

これまで述べたように、災害対策基本法に基づく災害対策システムには、地方自治体の権限が大きいことに加え、日本特有の定義・概念がいくつかみられます。ここでは、災害対策を考えるにあたり知っておきたい概念を整理しておきます。

「災害」の定義は国や組織により異なります。災害対策基本法では災害を「暴風、竜巻、豪雨、豪雪、洪水、崖崩れ、土石流、高潮、地震、津波、噴火、地滑りその他の異常な自然現象又は大規模な火事若しくは爆発その他その及ぼす被害の程度においてこれらに類する政令で定める原因により生ずる被害」としています(災害対策基本法第2条)。この定義からは、日本では災害を引き起こす自然現象(ハザード)を重視していることがわかります。そのため、ハザードごとに対策が検討され計画が定められることになっています。

これに対し、国連防災機関は災害を「広域な人的、物的、経済的もしくは環境面での損失と影響を

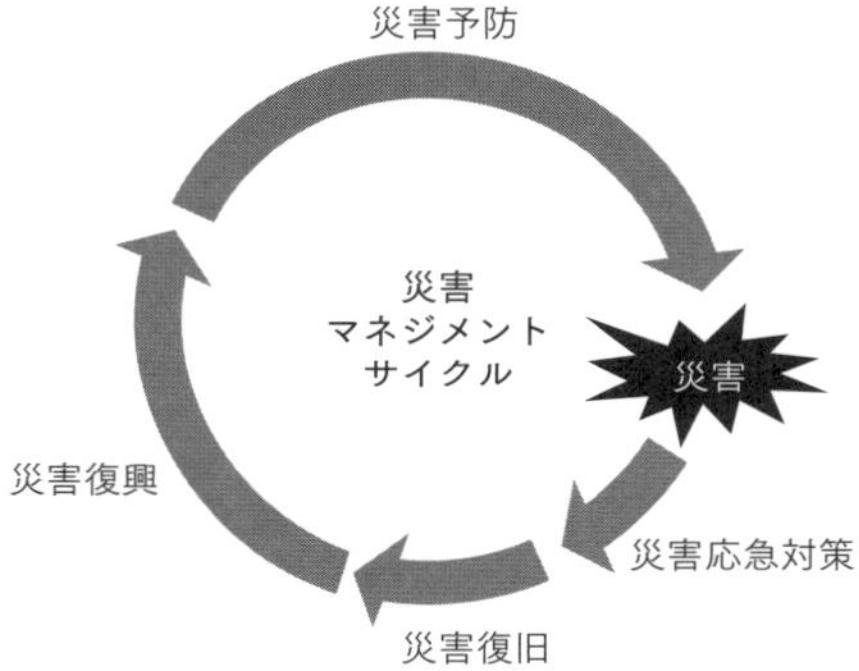

図1・1　災害マネジメント・サイクル

伴い、自力で対処する能力を越えるコミュニティや社会の深刻な混乱[*5]」としています。ここでは、ハザードよりも社会の状況が重視されています。また、国連は自然災害だけでなく健康被害、環境被害や人為災害なども「災害」としています。ところが、災害対策基本法では感染症や環境問題などを災害として位置づけていません。そのため2019年から感染が拡大した新型コロナウィルスへの対応には、災害対策基本法は適応されませんでした。

(2) 災害対策のフェーズ

災害対策基本法では、災害対策を「災害予防」(災害対策基本法第46条~49条)、「災害応急対策」(災害対策基本法第50条~86条)、「災害復旧」(第87条~90条)の3フェーズに区分しています。「災害予防」は、災害の発生、または被害の拡大を未然に防止するための取り組みのことです。「災害応急対策」は、災害が発生する、または発生するおそれがある場合に被害を防ぐとともに、応急救助を行うことにより、災害の拡大を防ぐための取り組みです。「災害復旧」は、被災したものを復

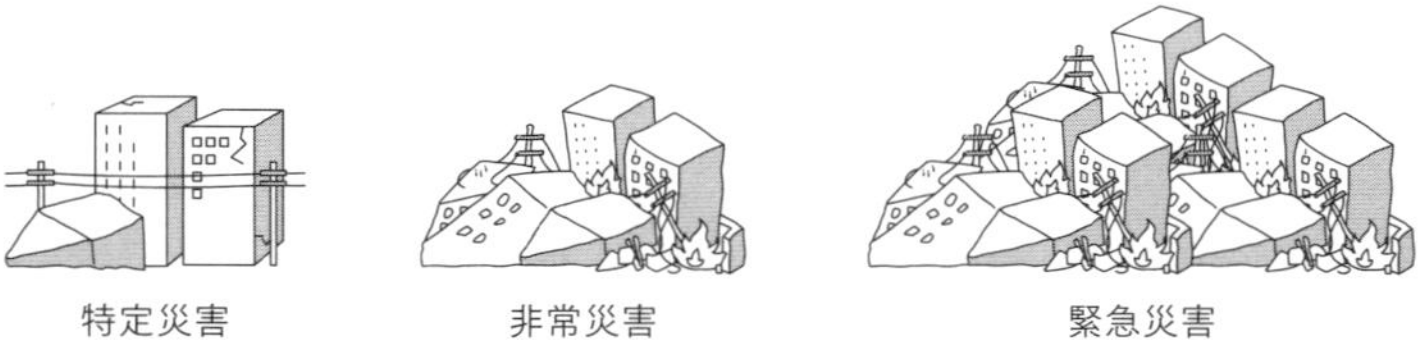

図1・2　災害のカテゴリー

旧させるための取り組みです。災害から得られた知見は「災害予防」に活かすことにより、災害に強い社会が構築されます。これら一連の取り組みの流れを示しているのが「災害マネジメント・サイクル」です（図1・1）。一連の取り組みを継続して行うことにより、災害に強い社会が構築されます。

（3）災害の規模と国の災害対応体制

災害が発生する、あるいは発生するおそれがある時には、国・都道府県・市町村は「災害対策本部」を設置して対応します。国の災害対策本部には、「特定災害対策本部」（災害対策基本法第23条の3～7）、「非常災害対策本部」（災害対策基本法第24条～第28条）、「緊急災害対策本部」（災害対策基本法第28条の2～6）という3つのカテゴリーがあり、災害の被害の規模や状況に応じて体制が変わります（図1・2）。どの災害対策本部が設置されるのかは、発生する被害の状況に応じて判断されます。

国として総力を結集しなければならないほど、激甚な被害をもたらす災害が起きた時に設置されるのが「緊急災害対策本部」です。内閣総理大臣が本部長を、各国務大臣が本部員を務め、政府が一体となって災害対応を行います。

死者・行方不明者・被害家屋が、かなりの数に上る可能性がある時に設置されるのが「非常災害対策本部」です。国務大臣が本部長を務め、副本部長・本部員は、内閣官房あるいは、指定行政機関の職員・指定地方行政機関の長などから内閣総理大臣が任命します。国に災害対策本部が設置される時には内閣府（防災）が事務局として、関係省庁の連絡調整を担うとともに、災害対策本部を運営します。

なお、これまで「緊急災害対策本部」が設置されたのは、2011年の東日本大震災（東北地方太平洋沖地震緊急災害対策本部）だけです。1995年の阪神・淡路大震災では、「緊急対策本部」が設置されましたが、これは災害対策基本法に基づく「緊急災害対策本部」ではありません（「災害」という言葉がありません）。阪神・淡路大震災では、災害発生直後の1月17日に国土庁長官を本部長とする非常災害対策本部（兵庫県南部地震非常災害対策本部）が設置されました。[3]政府も一丸となり災害に対応する必要があったことから、1月19日に閣議決定により内閣総理大臣を本部長とし、全ての閣僚を本部員とする「緊急対策本部」が設置されました。緊急災害対策本部が設置されなかった理由としては、当時は「緊急事態宣言」を出すことが、緊急災害対策本部を設置するための要件となっていたものの、緊急事態宣言を出すには国会承認が必要であり、災害発生直後に緊急災害対策本部を設置することが困難だったためです。[4]

東日本大震災では、2011年3月11日14時46分の地震発生を受け、14時50分に官邸に対策室が設置されました。15時14分には、内閣総理大臣を本部長とする緊急対策本部が閣議決定により設置されました。(5) 被害状況を把握するために、内閣府副大臣、そして各省庁の関係者から構成される調査団が18時過ぎにヘリコプターで東京から仙台に向かい、20時過ぎに宮城県庁に到着しました。到着後、直ちに県知事との協議や情報収集を行い、12日に緊急災害現地対策本部が設置されました。阪神・淡路大震災に比べると、迅速に国の災害対応体制が構築されました。

4 確立されていない災害対策本部の設置基準

このように、災害が発生すると国や地方自治体は、災害対策本部を設置して、平常時の組織体制から切り換えて対応します。災害対策本部が設置されている自治体では、看板などによりその設置を周知します（写真1・2）。

ところが、災害が発生しているにもかかわらず災害対策本部が設置されていない事例が見られます。ここでは、なぜ災害対策本部が設置されなかったのか、その課題を整理します。

災害対策本部の設置が難しくなる最大の要因は、市町村自体が物的・人的被害を受け、災害対応を行うことが困難な状況に陥ることです。阪神・淡路大震災では、神戸市、西宮市、芦屋市、北淡町などの複数の市町が大きな被害を受けました。神戸市では、職員1万7836名のうち15名が死亡、42％が

写真1・2　災害対策本部が設置されていることを示す看板

被災しました。[6] 鉄道・道路などの交通機関が被害を受けたこともあり、地震当日に出勤できた職員は41％だけでした。8階建ての神戸市庁舎2号館の6階部分が倒壊し、建物への立ち入りは禁止されました（写真1・3）。停電・断水が続き、業務を行うことが困難な状況であったにもかかわらず、発災直後から市は被災した多数の人の捜索・救助、避難生活の支援などの業務に追われました。職員のなかには、自宅が被災したにもかかわらず職場に駆けつけて対応に追われた人、小さな子どもを家族に預けて避難所対応に従事した人もいました。

　このように阪神・淡路大震災は、大規模災害では災害対応の責務を担う市町村もまた被害を受けることを示しました。そのような経験があったにもかかわらず、市町村自らが被災する事態を想定した対策が十分ではないという問題を突きつけたのが2011年の東日本大震災でした。東日本大震災では、東北地方の太平洋沿岸の複数の市町村が首長や職員を失う、庁舎を失うという状況におかれました。

写真１•３　阪神・淡路大震災により被害を受けた神戸市役所庁舎２号館
（提供：神戸市）

写真１•４　被災した大槌町役場（撮影・提供：長尾聡）

被害が深刻だった町の一つが、岩手県大槌町です。大槌町は、太平洋沿岸に位置する人口約１万５千人の町です。東日本大震災では、地震・津波により死者・行方不明者が１２３４名に上るほど甚大な被害を受けました。津波により町役場本庁舎は全壊し、町職員１３６名のうち町長、管理職７名を含む39名が犠牲となりました。深刻な被害を受けたにもかかわらず、災害対応を行わなければなりませんでした（写真１・４）。

地震発生直後の町の災害対応をたどると、地震の揺れによる庁舎倒壊を懸念して職員は庁舎前に避難し、そこに災害対策本部を設置し、幹部職員が集まり情報収集を行いました。[7] そこを津波が襲い、職員は急遽屋上に避難しましたが、屋上に登るにははしごしかなく、避難が間に合わなかった職員もいました。その後、建物が津波に襲われ孤立しました。職員は建物の屋上で一晩を過ごし、翌12日に自衛隊の大型ヘリコプターにより救出されました。ヘリコプターから降ろされた後、山を超えて災害時の庁舎の移転先として定められていた中央公民館に向かい、そこに災害対策本部を設置しました。当時、中央公民館には千人近い人が避難しており、避難所対応と災害対策本部運営が並行して行われました。

大槌町では、庁舎、書類、住民基礎データを失い、町長や同僚の職員が行方不明、家族の安否も確認できない厳しい状況で災害対応を行わなければなりませんでした。総務課主幹の指揮のもと、優先的に対応が求められた「食料調達」「遺体収容」「避難所対応」に業務を集約し、集まった職員10名〜12名に業務が割り振られました。[*6] 津波から３日後には、町職員１０２名、自衛隊、消防、県や他の市町村からの応援職員、ボランティアなど、あわせて800名以上の人が集まりました。そこで、「救護班」「清掃班」「公務班」というように対応業務を増やしていき、徐々に業務体制を整えていきました。この事例は、自らも被害を受ける厳しい状況のなかで町職員が災害対応を行わなければならなかったこと、外部からの支援と連携して災害対応体制を立てなおさなければならなかったことを示しています。

日本の災害対策システムは市町村の権限が大きいだけに、市町村が被害を受けた途端に災害対応は機能しなくなります。市町村自らの被害を最小限に食い止めるための方策を検討するとともに、万が一、被害を受けるという最悪の状況でもどのように外部の支援と連携し、災害対策本部を運営するのかを考えておく必要があります。

5 災害対策本部の設置から運営まで

災害対策本部を設置しても、被害の状況に応じて迅速に対応できなければ意味がありません。ここでは、災害対策本部をどう設置して運営するのか、災害対策本部をスムーズに設置するための基準や組織体制、運営方針を検討します。

（1）災害対策本部設置基準

市町村の災害対応は災害対策本部を設置することによりスタートします。ところが、誰が、いつ、どのタイミングで災害対策本部を設置するのかという全国共通の基準が定められているわけではありません。災害対策本部の設置基準は、ハザードによっても、また自治体によっても異なります。以下に、設置基準をハザードごとにみてみましょう。

①地震

地震の場合は、震度5弱、5強、6弱、6強、7というような強い揺れを観測した時に、震度を基準に災害対策本部が設置されます。阪神・淡路大震災の経験から「黄金の72時間」の重要性が認識されるようになりました。これは、72時間を過ぎると地震により建物の下敷きになった人の生存率が大幅に下がるので、救助の態勢を迅速に整える必要があることを意味しています。地震による被害を減らすには、災害対応を行う機関が迅速に行動する必要があることから、初動体制を確立するために消防庁は「1市区町村1観測点」を原則として震度計の整備とネットワーク化を働きかけました(3)。その後、気象庁や防災科学技術研究所の強震計を活用することにより、各市町村はそれぞれ自分のまちの震度情報を入手して災害対応の基準とするようになりました。震度を基準とすると、職員は共通の認識のもとで職場に参集することができます。そのため一定程度の地震が発生すると、ほぼ自動的に災害対策本部が設置され、職員が参集し、災害対応が行われるようになっています。ただし、震度計が壊れると、途端にどの情報に基づき災害対策本部を設置するのかが不明瞭になります。実際に2016年の熊本地震で4月14日に最大震度を観測した益城町では、4月16日の地震発生前に震度計が壊れてデータが欠損し、自分のまちがどの程度の震度なのかがわからずに、地震発生直後、職員参集などの対応の判断を迷う事例がありました。*7 市町村合併により市町村域に複数の震度計が設置されると、どの震度情報を参集基準とするのかがわかりにくくなるので、どれを参集基準とするのかを決めておく必要があります。

②風水害

風水害では大雨などの状況に応じて、「注意体制」「警戒体制」「非常体制」というように段階的に職員を参集・配備して災害対応にあたる市町村が多くあります。これは洪水などの水災への対応を定める「水防法」に基づく体制です。「非常体制」では組織及び機能の全力を挙げて災害対応にあたります。ところが、非常体制となっているにもかかわらず、「災害対策本部」が設置されていない事例があります。これは、「水防法」には風水害時の災害対策本部設置基準が定められておらず「水防法」と「災害対策基本法」が定める体制が一貫していないために起きる問題です。これについては、職員の参集体制が異なることのないように参集体制を見直しておかないと、被害が発生した時に必要な職員を動員できなくなります。以前、どのタイミングで警戒体制から災害対策本部体制に移行させるのかを、市町村職員の研修で議論した時には「被害が発生してから設置する」という意見が多くありました。そこで、「どの程度の被害が発生したら」と聞くと、「人が犠牲になる」「家屋被害が出るとか……」と回答は人により異なり曖昧でした。これでは、実際に災害が起きた時に災害対策本部に移行させられません。

災害対策本部が設置されないと、特定の部局の職員しか災害対応に従事しない、災害ボランティアセンターが設置されないというように、災害対策本部の設置に付随して動く業務が機能しなくなります。風水害時の災害対策本部の設置基準についても、事前に定めておくようにしましょう。

③火山

火山については、「噴火警戒レベル」が、災害対策本部設置の基準として活用されます。噴火警戒レベルは、２００７年から用いられている基準であり、各火山ごとに設置された「火山防災会議」が火山の活動状況に応じて警戒が必要な範囲と、防災機関や住民などが取るべき対応を「レベル１」から「レベル５」までの５段階で定めているものです。噴火警戒レベルは火山ごとに設定されており、レベルの変更は気象庁により行われます。そして、市町村はそれに応じて災害対応体制をとります。例えば、常時活発な噴火活動を続ける鹿児島県の桜島の場合、「レベル３（入山規制）」火口周辺警報が発表される時に「警戒体制」を、そして大規模爆発または噴火警戒「レベル４」「レベル５」に相当する事象が発生した時に「災害対策本部」を設置することになっています。

ところが、噴火警戒レベル通りに実際の噴火が推移するわけではありません。表１・１は近年発生した噴火の、噴火した時刻、噴火警戒レベル引上げ時刻及び災害対策本部設置時刻です。２０１４年の

表1・1　噴火警戒レベルの変化と災害対策本部設置

火山名	噴火発生日時	噴火警戒レベル変更時刻	災害対策本部設置時刻
御嶽山	2014年9月27日　11：52	12：36　1→3	13：00
口永良部島新岳	2015年5月29日　9：59	10：07　3→5	10：07
草津白根山	2018年1月23日　10：02	11：05　1→2	10：30

御嶽山噴火、２０１５年の口永良部島新岳噴火、２０１８年の草津白根山噴火のいずれのケースにおいても、噴火警戒レベルが引き上げられたのは噴火が起きた後でした。噴火は突然始まることも多く、そうすると噴火後に噴火警戒レベルが引き上げられます。それを受けて、災害対策本部が設置されるので、災害対策本部の設置は噴火発生後となり、噴火の被害は防げません。噴火警戒レベルのみを基準とすると、噴火時に先駆けて対応することは難しくなります。そのため、噴火警戒レベルだけでなく、気象庁が臨時で発表する「火山の情況に関する解説情報（臨時）」を参照したり、火山を観測する大学や研究所とネットワークを構築するというように多様な情報を活用した対策を検討する必要があります。

④首長の判断力

以上に述べたように、災害対策本部設置基準はハザードにより異なります。地震の場合は、災害対策本部の設置基準が明確ですが、それ以外のハザードはいつ設置するのかが曖昧です。これは、ハザードごとに対策を定める法律があるものの、並べてみると定められている内容に矛盾があるためです。風水害では「水防法」が優先されると「災害対策基本法」に定められた災害対策本部が設置できなくなります。基準が明確ではないものの、災害対策が急がれる時もあります。その場合には災害対策本部長（市町村長）の判断が重要になります。そのため災害対策本部長が判断できるよう訓練しておく必要があります。市町村長は選挙で選ばれるので、バックグラウンドが多様でなかには災害対応の経験がない人もいます。従って市町村長の人材育成は重要です。

また、災害対策本部長が不在の時に災害が発生することもあります。2013年10月の台風26号により土砂災害で被害を受けた東京都大島町では、災害発生時に町長・副町長がともに出張で不在でした(9)。その場合は、誰がどのように災害対策本部の設置を決めるのか、そのような体制についても事前に検討しておきましょう。

（2）災害対策本部事務局

災害対策本部が設置されると、災害対応業務を統括する「災害対策本部事務局」の役割が重要になります。災害対策本部事務局とは、災害対策本部の運営、被害の情報や災害対応に関する情報の取りまとめ、災害対策本部会議の開催・調整、外部機関との連絡調整など災害対応にかかわる業務全般を調整する部局です（図1・3）。平常時には防災に関する業務を統括している部局（防災・危機管理部局など）が災害対策本部事務局としての機能を担い、災害対策を担います。

災害対策本部事務局を機能させるには、情報が重要です。「情報を制するものは、災害対応を制する」という言葉があるくらい情報は大切です。ただし、情報は待っていても集まってきません。庁内各部局

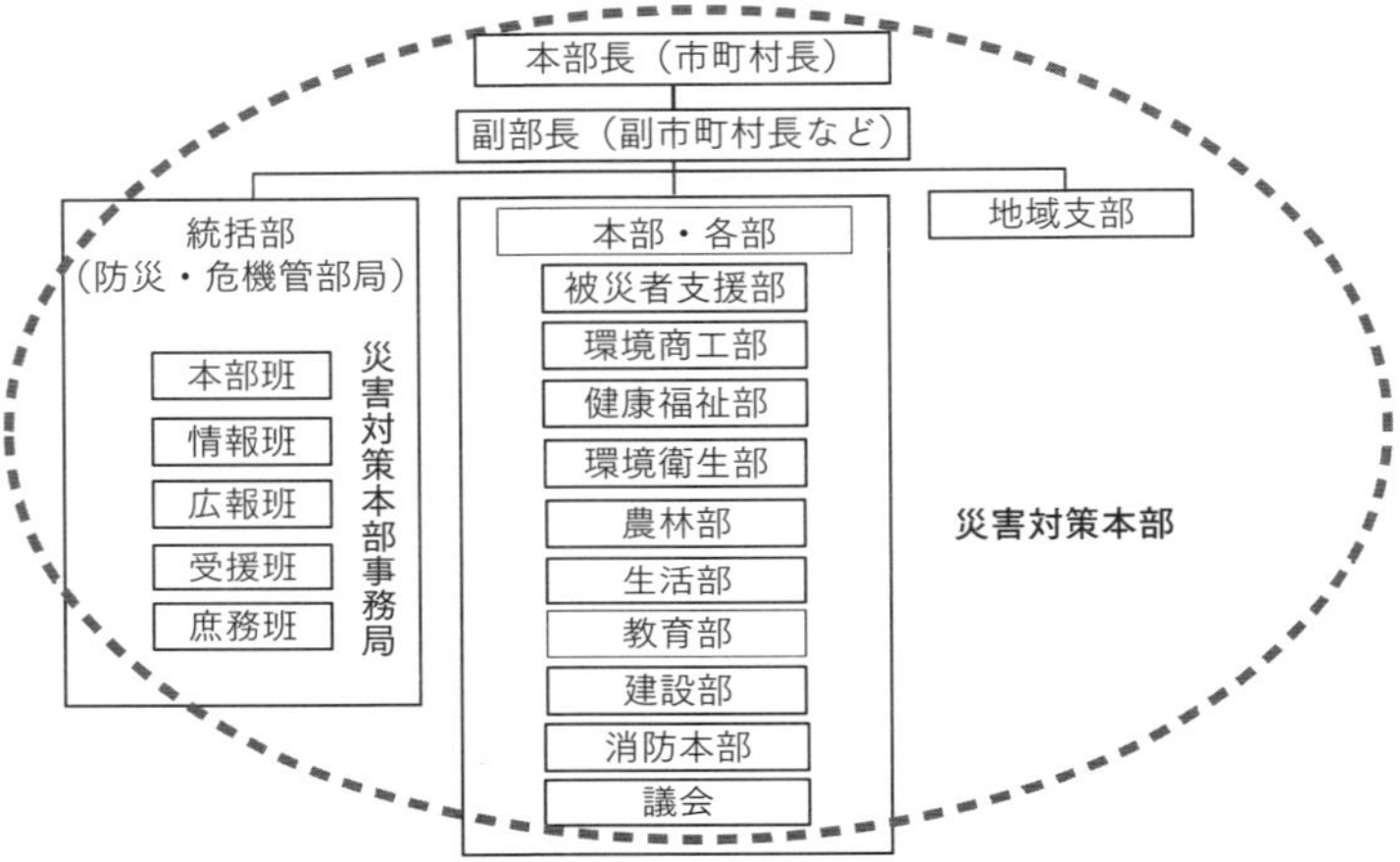

図1・3　災害対策本部と災害対策本部事務局

や被災現場からの情報を一元的に収集・把握し、それに基づき戦略を練ることができる体制をつくらなければなりません。そのためには、各部局からどのような情報を事務局に提出してもらうのかを検討しておく必要があります。また、災害対策本部事務局に勤務する職員は通常業務とは切り離し、災害対応業務に専念できる体制にする必要があります。ところが、実際には事務局を担うはずの防災部局に庁内各部局や市民からの問い合わせの電話が殺到し、それらの電話対応やトラブル・シューティングに追われ、その結果、災害対応が機能不全に陥ることがあります。

情報の集約しやすさは、空間設営によっても変わります。災害対策本部事務局の空間設営をみると、事務局専用の業務スペースが設けられ、そこに各部局・関係機関の「連絡担当（リエゾン）」が常駐して、災害対応にあたるケース（以下「事務局体制」）と、災害対策本部事務局のスペースが設けられることなく、平常時の組織・業務体制

写真1・5　会議スペースを重視した災害対策本部事務局

写真1・6　長野県災害対策本部事務局
（2014年）

のままで災害対応が行われるケース（以下「通常体制」）があります。

　事務局体制で災害対応が行われると、同じ空間に災害対応にかかわる関係者が集まることから、組織全体の動きを把握しやすくなります。また、大規模な災害が起きると自衛隊、消防、医療専門チームや第4章で述べるような全国の自治体の応援職員、ボランティア団体が支援のために集まります。これらの組織との情報共有も行いやすくなります。リエゾンとなる職員が管理職であれば、その場で意思決定ができるので、より迅速に意思決定を行うことができます。逆に、意思決定の権限を持たない職員が担当すると、自分の所属部局と災害対策本部事務局を行き来して、管理職の決定を仰がなければならず効率的ではありません。通常の事務分掌・業務体制のままで災害対応を行うと、組織全体がどのように災害対応を行なっているのかという全体像の把握が難しくなり、部局間の調整に時間を要します。

　かつては、災害対策本部事務局のスペースが確保されておら

写真1・7　災害対策本部会議の様子（2014年長野県神城断層地震）

ず、その一方で、災害対策本部会議のための部屋に机・椅子・モニターを固定して、高価な情報システムを設置している事例がありました（写真1・5）。しかし、会議は常に行われるわけではありません。関係者が情報を持ち寄り、共有するスペースさえあれば会議には十分です。災害対策において何よりも充実させなければならないのは、効率的に情報収集・共有ができ戦略を練ることができる空間です。そのため、近年では会議室の設備を充実させるのではなく、迅速に集まり議論できるよう、災害対策本部事務局用に可動式の机を設置した広い部屋を整備する自治体が増えています（写真1・6）。

（3）災害対策本部会議

災害対策本部会議は、本部長、副本部長、本部員（各部局長）、関係外部組織などにより構成される会議です（写真1・7）。意思決定の権限を持つ人々が集まることから、特定の部局だけでは解決が難しい問題や、他部局との調整が求められる問題を協議し、調整することができる大切な場です。それにもかかわらず、災害対応状況の報告に終始し、調整に至らない会議がみられます。そのような事態に陥ってしまうのは、災害対策本部会議で何を議論すべきなのかが事前に検討されていないからです。

災害対策本部会議を開催するにあたっては、どの会議で何を議論するのかを決めておく必要があります。とはいえ、災害発生からどの程度の時間が経過した時に、第1回災害対策本部会議を開催するのが良いかは悩ましい課題です。

災害発生直後（例えば1時間後）に災害対策本部会議を開催することは、全庁としての対応方針を共有し、職員が共通の目標を持ち一丸となって対応に取り組むうえでは有効です。しかし、災害発生から1時間程度では、庁内の被害概要を把握するのに精一杯で、地域の被害状況を把握するには至りません。風水害により地域が大きく浸水すると、水がひくまでの間は移動が困難であるため、被害状況の把握にはさらに時間を要します。大規模な地震・津波でも通信網が寸断されると情報把握には時間を要します。大きな災害ほど、被害の全容を把握するには時間が必要です。

２０１６年4月14日の熊本地震における、災害対策本部会議開催のタイミングをみてみましょう。*8 地震が発生した時刻は、4月14日21時26分でした。熊本県は、第1回災害対策本部会議を4月15日0時30分に、熊本市は0時に開催しています（表1・2）。地震が発生してから、災害対策本部会議を開催するまでに2時間30分〜3時間を要しています。第2回本部会議の開催時刻は、熊本県が3時、熊本市が4時45分といずれも夜明け前に開催しています。ただし、第2回災害対策本部会議の資料をみると、更

表1・2　熊本地震における災害対策本部会議開催時刻

自治体名	災害対策本部会議開催時刻	
熊本県	0時30分	第1回
	3時00分	第2回
熊本市	0時00分	第1回
	4時45分	第2回

新されている情報はさほど多くありません。夜間の地震であったことや、通信網の断絶により情報収集が難しく、詳細な被害状況の把握には至らなかったことが推察されます。

各部局が被害状況を把握できていないタイミングで災害対策本部会議を開催しても、収集した情報に基づいて対応することはできません。そのため、情報収集に必要な時間を考えて、災害対策本部会議開催の目安のタイミングと会議関係の目標を決めておく必要があります。例えば、第1回災害対策本部会議の開催は、災害発生から2時間後とする。これは市町村の被害状況をある程度把握でき、その時点で把握される情報を一旦集約し、それに基づき対応を検討できるタイミングです。阪神・淡路大震災で大きな被害を受けた兵庫県芦屋市では、その経験に基づき災害対策マニュアルを見直し、第1回災害対策本部会議で確認すべき事項をリスト化するという取り組みを行っていました。このような準備をしておくと、会議を開催した時に抜け・漏れなく、検討が必要な事項に対応できます。

災害対策本部会議を効果的に運用するには、会議の進行方法も大切です。災害対策本部会議の様子を見ていると、部局別に災害対応状況を報告するという進行方法が多くみられます。ところが、部局別に状況を報告しても、複数部局が関わる課題にどの程度対応できているのかを把握できません。この点、画期的な取り組みだと感じたのが東日本大震災時の宮城県緊急災害現地対策本部会議です。災害発生直後は各省庁がどのような取り組みをしているのか順に報告する形式となっていました。ところが、2週間ほど経過した時に、優先的に対応が求められる課題の項目出しが行われ、その項目にそって関係する業務を担当する複数の省庁が業務の進捗状況を報告するというように、省庁別の報告から、課題別の報告へと会議の進行が変わりました。これにより、どの業務にどの省庁がどのように関わっているのか、課題がどの程度解決されているのかが明確になり、省庁間の連携も促進されました。災害対応においては、避難所、仮設住宅のように特定の課題に複数の部局が携わる事項があります。これらの事項については、課題別に災害対策の進捗を把握し調整することは、担当者間の連携を促し早期の問題解決につながります。

（4）報道とのコミュニケーション

市町村が全力を挙げて災害対応に取り組んでいても、住民にその情報が届いていないことがあります。市町村の災害対応において常に意識しなければならないのが、住民への情報の提供です。情報提供において重要な役割を担っているのが報道です。報道とうまく付き合うために、いつ・どのように報道と情報を共有するのかを、考えておくことも大切です。東日本大震災後に、岩手県沿岸部の市町村で防災業務を担当していた職員に、どのように報道に対応したのか聞いたところ、以下の話でした。[*9]

・マスコミがきて、被災者は何人、行方不明者は何人という数字を求める。私たちは把握しようがなかったが、そうすると「なんでわからないのですか」と言われた。

・記者会見は、初日は4回、2日目は9回行った。その後は定期的に行い、市長がメインで総務課長と総務部長、あとは各部長にも出てもらって、それぞれの情報を伝えていた。コピーが動いていない時期で、情報は手書きでしかまとめられない。口頭の報告しかできないので、マスコミにはそれを記録してもらった。2~3時間ごとに対応し大変だったが、これをしないと、マスコミは防災管理室にきてしまい仕事にならない。だから、いよいよとなった時は出入り禁止にした。

このように報道対応では苦労していました。災害時の報道は、被害の情報を同時に多数の人に伝える役割を担っています。そのため、日本放送協会（ＮＨＫ）は、災害対策基本法において指定公共機関として位置付けられています。とはいえ、同時に多数の報道機関から質問され、それも自分たちが情報を把握できていないことや、似たような質問が繰り返されると対応に苦慮します。このような問題を避けるためには報道とのコミュニケーションの取り方が重要です。そのポイントとして以下の点が挙げられます。

第一に、把握できていることとできていないことを率直に伝える、という点です。聞かれて困る質問の一つが被害に関する情報、特に数字が求められる点です。大規模な災害が発生すると、被害情報を把握するには時間を要します。死者数は医師による死亡診断や警察による検視が行われなければわかりませんし、行方不明者数は家族が捜索願を出さなければわかりません。また、住家の被害についても、家屋の被害調査を行うまではわかりません。被害が大きな災害ほど調査には時間を要します。つまり、災害発生直後は、情報がわからなくて当然です。そのため、報道関係者から死者・行方不明者の具体的な数字を求められた時には、情報の把握が難しいことを率直に伝えるとともに、逆に報道各社が把握している情報提供を依頼することも助けになります。

第二に、情報は随時更新される、という点です。情報が更新されるたびに、報道関係者に情報を提供していては大変ですので、情報を更新するタイミングや、情報提供方法を決めておき、それらの情報を報道関係者と共有する必要があります。情報更新は、新聞であれば朝刊や夕刊の原稿締切の時刻に間に合うように、テレビであれば朝・夕方のニュースに間に合うように行うと、新聞発行やテレビ放送のタイミングを考えると情報を伝えやすくなります。また、情報更新の都度、記者会見を行うのは準備に時間を要しますので、報道関係者向けの情報を掲示版に掲示し、それを見てもらうようにすることにより、報道各社と個別に対応する時間を減らすことができます。

第三に、報道を通して住民にどのように災害に対応しているのかというメッセージを届ける点です。報道の先には、情報を待つ人がいます。被災したものの自分の地域の被害の全体像を把握できずにいる被災者、被災地に住む家族や友人の状況を心配している人もいます。災害対策本部長が、どう対応しているのか、今後の災害対応の見通しとともに伝えることは住民の安心感につながります。そのためにも、災害時に報道を通してどのようなメッセージを発信するのかは平常時から考えておきましょう。

第四に、報道関係者との連絡調整に報道関係者の協力を得ることです。2015年に鹿児島県の口永良部島で新岳（火山）が噴火し、島民が屋久島に避難したことがありました。記者会見の様子を見ていると、報道関係者のなかで調整の担当者が決められており、その人を通して記者会見のセッティングが行われていました。このように報道関係者間で連絡調整体制が構築されると、報道対応もスムーズに行うことができます。

災害時に報道と効果的に連携できるように、平常時から広報部局と防災部局とどのような方針で対応するのかを検討しておきましょう。そのためにも、報道関係者とは平常時から顔の見える関係を構築し、いざという時の記者会見のタイミングや情報伝達方法を議論しておくことが大切です。

(5) 災害復興本部への移行

災害対策本部は、応急対策のために設置されますが、災害対応のフェーズの移行とともに、次第に復旧・復興業務が大きなものとなっていきます。大災害の場合は、仮設住宅の建設、被災地の復旧、被災者支援などの災害復興関連業務も膨大なものとなります。そのため全庁体制で災害復興を進めるために「災害復興本部」が設置されます（図1・4）。

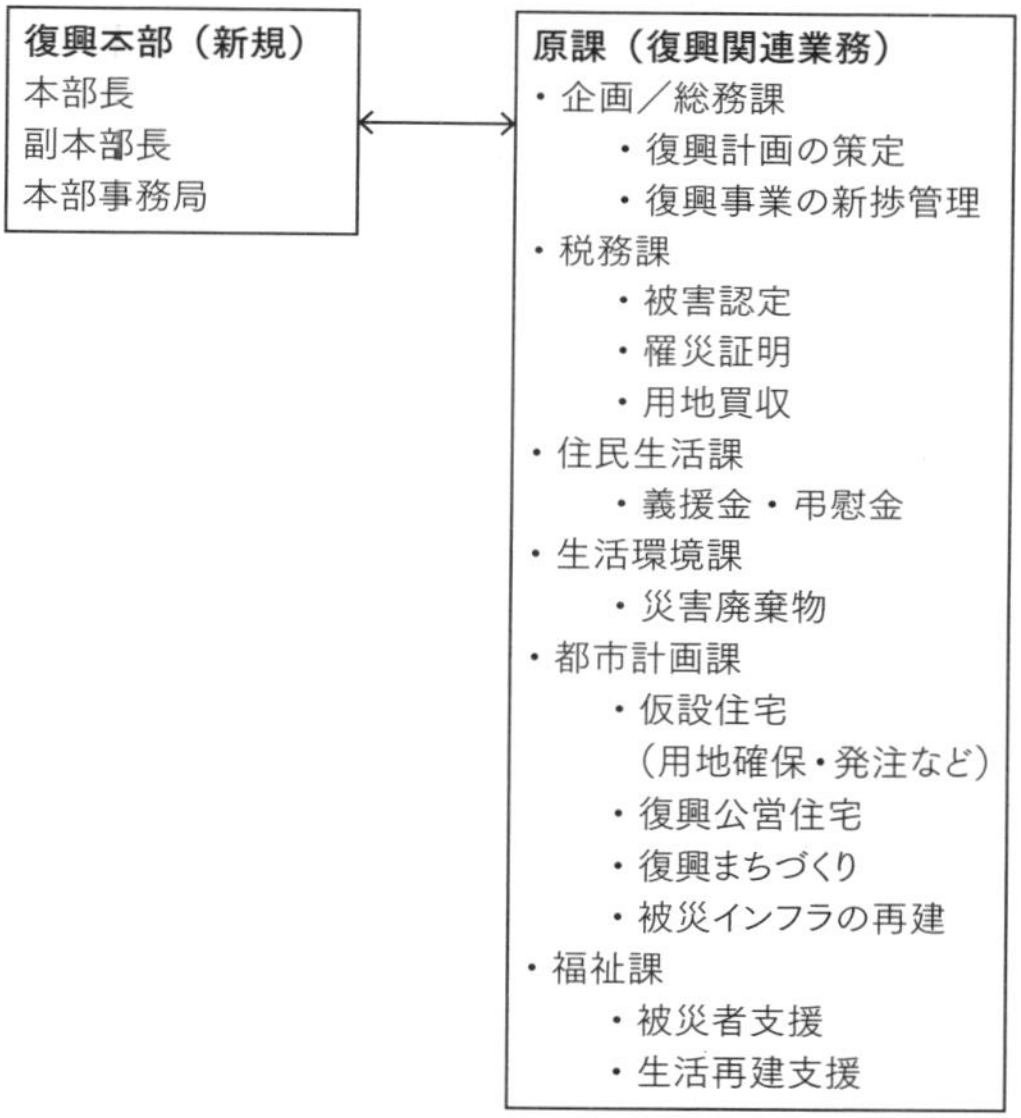

図 1・4　復興本部体制

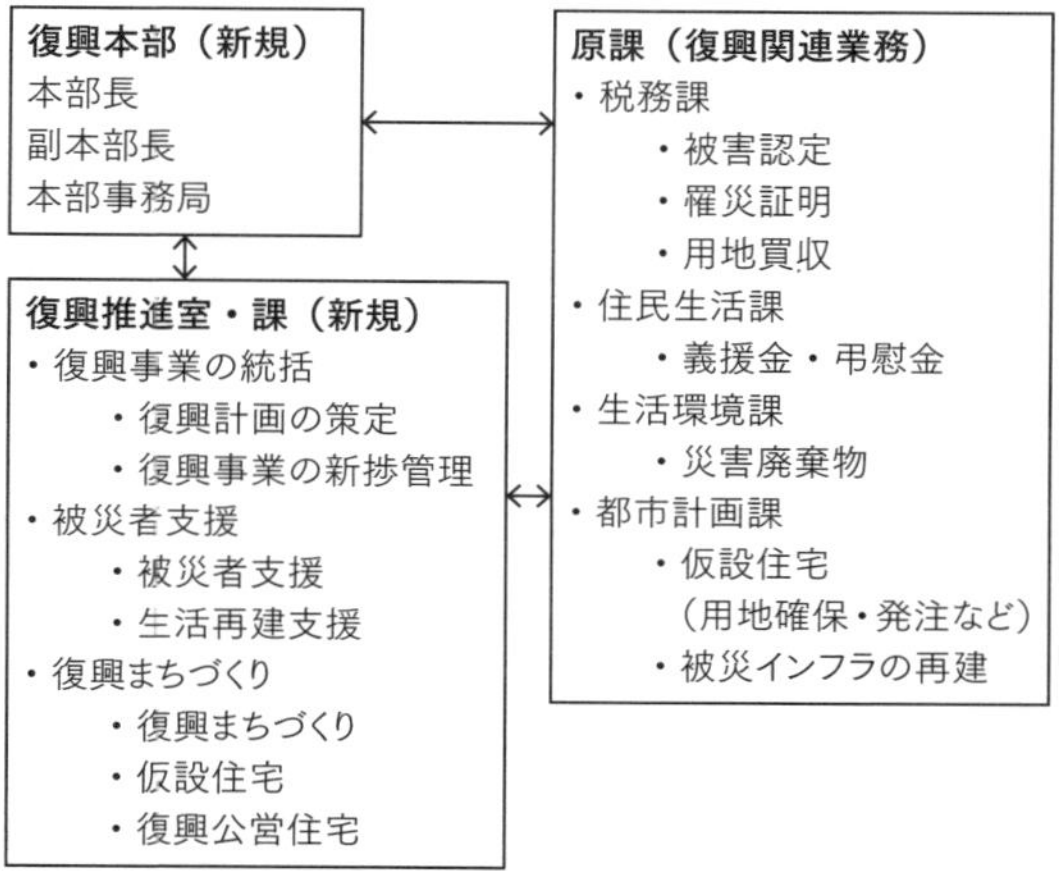

図 1・5　復興本部と復興推進室（課）の体制

災害復興本部を設置する場合は、各部局内に復旧・復興に関する業務を担当する課が設置され、災害復興本部を通して情報共有が行われます。また、災害復興本部の設置とともに、災害復興を統括する専属の「災害復興推進局（課）」が設置されることもあります（図1・5）。例えば、2019年の東日本台風で被害を受けた長野市では、災害からほぼ2ヶ月後の12月11日に「長野市復興本部」が設置され、さらに、企画政策部に「復興局復興推進課」という専属の課が設置されました。このように、復興業務を統括する部局が設置することにより、復興業務の担当者が明確になり、また、復興の進捗状況の管理や関連する予算の管理状況が把握しやすくなります。

6 想定外の災害に備えるための組織マネジメント

以上に述べた市町村の災害対策本部設置・運営をめぐる課題は、災害対策本部を機能させるための組織マネジメントのポイントを知らない市町村が多いという課題を示しています。災害対応については、地域防災計画に加え、災害発生時の具体的な対応手順を示す「災害対応マニュアル」や、災害時に業務を継続するための「業務継続計画」を定めているところもあります。しかしながら、これらの取り組みの多くは、事前に計画を策定し、それに基づき対応するという、「計画に基づく災害対応」です。

　ところが、いざ災害が起こると、計画には定められていない事象が発生します。前述の大槌町の事例であれば、庁舎が津波で被害を受けたこと、災害対策本部要員である町長や職員が多数犠牲になったこと、そのような状況で避難所運営、物資支援対応、被災者支援、災害復旧業務を行わなければならなかったことなど、いずれも地域防災計画には定められていない事項でした。とはいえ、目の前に迫る問題を解決するために、既存の計画を見直している時間的な余裕はなく、その場での対応が求められました。計画を策定するということは、着実に業務を進めるうえでは重要ですが、計画に策定されていない想定外の事態に対応することが難しい、という課題があります。

　そのような想定外の状況における意思決定に着目した社会学の理論に「即興（improvisation）」があります。「即興」は、ジャズ、オーケストラ、劇などで、その場の状況に応じて即座に創り出される演奏をメタファーとする理論です[10]。ジャズやオーケストラが、その場の状況に応じ即興で新たな演奏を生み出すように、災害対応においても事前に想定しない状況に直面したなかで、利用可能な資源を活用し柔軟に、またより良く対応する必要があります。防災計画が「すべきこと（what ought to do）」を規定するのだとしたら、即興は「必要なこと（what needs to be）」に対応するものです[11]。ジャズ演奏が個々のプレイヤーの高い知識・技術・練習を調和させることにより新たな音楽を創りだすのと同様に、災害対応においても、災害対応に従事する人の知識・技術・訓練なくして即興を実現することは困難です。つまり様々な状況に対応できる人材育成が不可欠です。基本的な知識・技術を習得したうえで、その時の状況に合わせて組織を変革させる、もしくは新たな組織を生み出すという「創造性」と「マネジメント力」が求められます。何より、ジャズやオーケストラでは、指揮者（コンダクター）が全体をコントロールすることにより、調和が生みだされるように指揮者となる災害対策本部長とそれを支える参謀の役割は重要です。

災害時に指揮者に求められる能力の一つが「状況判断」です。東日本大震災時に岩手県の危機管理監であった越野修三は、状況判断を「目的を達成するために、状況の変化に対応し、当面の状況を分析し、どのような行動を取るのがベストなのかを判断する」と位置付けています[12]。的確な状況判断を行うには、何を優先して行動するのか考える必要があります。災害対応において最も優先される目的とは、人の命を守ることです。命を守るには、地震・津波などのハザードによる「直接死」を防ぐことのみならず、助かった命を守り「災害関連死」を防ぐことも大切です。これらの目的を達成するために、全庁として業務の優先順位をつけ、柔軟に対応します。即興という観点から検討すると、災害対策本部を設置するという日本の災害対策システムは、必要に応じ柔軟に組織体制を変革することを前提としている点では実践的です。ただし、災害対策本部を機能させるには、そのために必要な知識・技能を職員が持つとともに、訓練を通して想定外の事態にも対応できるよう備える必要があります。

7

災害マネジメント人材を育成する

被災した市町村の職員にその経験を聞くと「うちの町ではこれまで災害を経験したことがなかったから災害にうまく対応できなかった」「災害対策本部を設置したことがなかったから設置できなかった」などの話がでてきます。学校のテストでも勉強していないと答えられないように、災害対応も事前の準備なくしていきなり対処できるはずがありません。また、災害は想定した通りに起こるわけではありません。想定の枠にとらわれることなく、自ら状況判断ができる職員を育成すること、組織的対応の判断基準や行動の手順、状況判断力・洞察力・柔軟性などを兼ね備えたリーダーの育成は不可欠です。

災害対応をめぐるノウハウのなかには、マニュアルやガイドラインに書かれていないこともあります。それらを知るには、災害対応の検証記録や、災害を経験した職員の体験談・手記・エスノグラフィーをよく読むこと、そのうえでそれらの記録などから得られるノウハウを対策に生かす仕組みが必要です。例えば、防災部局に配属された職員や、災害対応の経験を持つ職員を講師とした人材育成・訓練や、それらの職員の情報を災害人材データベースに登録しておき、災害発生時に緊急参集させ災害対応に従事してもらうというように、その知見を対策に活かすことができる体制を整えておくことが考えられます。

阪神・淡路大震災を経験した神戸市は、東日本大震災で被災した仙台市を支援するために職員を派遣しました。それだけでなく、支援から戻った職員の意見を集約し、災害時に外部からの支援を受け入れるための計画として「神戸市災害受援計画」を策定しました。このように、被災地支援の取り組みを自組織の災害対応に生かすことは災害対応力のレベルアップにつながります。

また、災害対策本部長を補佐するとともに、組織全体の状況判断を的確に行い、組織人員配置やマネジメントができる参謀を育成することも重要です。阪神・淡路大震災時に県知事だった貝原俊民氏は、震災の経験を振り返り「孤独だった。県知事を支える参謀が必要だった」と話していました。貝原氏の強い意志もあり、阪神・淡路大震災の復興過程では、災害時に首長を支える参謀の育成と、被災自治体支援をミッションに掲げた「人と防災未来センター」が設置されました。人と防災未来センターは、自治体職員を育成するための「災害対応マネジメント研修」を行っており、過去の災害対応の経験を持つ人を講師に招き、それらの知見を身につける場を提供しています。このような自治体職員を対象とした人材育成プログラムは増えつつあり、内閣府の「防災スペシャリスト養成研修」、全国市町村国際文化研修所（JIAM）の研修などいずれも実践的な内容となっています。

自治体の災害対応において最悪ともいえる状況は、災害対応の責務を担う首長が被災する、災害対応の戦力となる職員が被災することです。災害が起こると、自治体職員は自分や家族のことよりも災害対応を優先しがちです。とはいえ、自治体職員も人です。自分や自分が大切にしている人の命を守ることは、人として何よりも大切な責務です。自らの備えや対策をきちんと行い、そのうえで災害対応に従事できるように心がけましょう。想定外の災害が起きた時にどう業務マネジメントを行うのかは次章で考えます。

補注

＊１　死者数は、中央防災会議『１９５９年伊勢湾台風報告書（平成20年３月）』による。
＊２　災害対策特別委員会議録17号（１９６１年10月31日）岡本隆一委員の発言より。
＊３　災害対策特別委員会議録17号（１９６１年10月31日）大平正芳官房長官の発言より。
＊４　１９６１年７月１日に自治省となる。
＊５　UNDRRの定義より（２０２４年10月23日参照）https://www.undrr.org/terminology/disaster
＊６　平野公三総務課長（当時。現大槌町長）へのインタビューに基づく。インタビューは岩手大学との共同研究による（２０１３年７月に実施）。
＊７　益城町職員へのヒアリングによる（２０１８年）。
＊８　熊本県災害対策本部会議資料による。
＊９　岩手大学との共同研究による（２０１３年７月に実施）。

参考文献

（1）防災行政研究会編『逐次解説災害対策基本法［第二次改定版］』ぎょうせい、２００８

（2）牧紀男「災害対策基本法の総合、計画と巨大災害への対処―21世紀前半の巨大災害を踏まえた災害対策のありかた」『地域安全学会論文集』No.21, pp.71-80、２０１０

（3）財団法人都市防災研究所『阪神・淡路大震災教訓情報資料集―阪神・淡路大震災の教訓情報分析・活用報告書』２０００

（4）国土庁編『平成7年度版防災白書』１９９５

（5）内閣府（防災担当）「緊急災害現地対策本部について」（平成23年10月23日） http://www. bousai. go. jp/oukyu/higashinihon/6/pdf/naikakufu2. pdf

（6）阪神・淡路大震災神戸市災害対策本部編『阪神・淡路大震災：神戸市の記録１９９５年』１９９６

（7）大槌町『東日本大震災津波における大槌町災害対策本部の活動に関する検証報告書』２０１７

（8）国土交通省気象庁・総務省消防庁『震度に関する検討会報告書（平成21年3月）』２００９

（9）平成25年伊豆大島土砂災害第三者調査委員会『平成25年伊豆大島土砂災害第三者調査委員会報告書（平成28年3月）』２０１６ https://www. town. oshima. tokyo. jp/uploaded/life/1421_1711_misc. pdf

（10）Moorman, C., and Miner, A., S., Organizational Improvisation and Organizational Memory, The Academy of Management Review, Vol. 23, No. 4, pp.698-723,1998

（11）Wachtendorf, T., Improvising 9/11: Organizational Improvisation Following the World Trade Center Disaster, Thesis(Ph. D.), University of Delaware, 2004

（12）越野修三『有事のプロに学ぶ自衛隊自治体の危機管理術―非常時に動ける組織を作る』ぎょうせい、２０２０

第2章

被災市町村の災害時業務マネジメント

1 熊本地震（2016年）にみる益城町の対応

（1）大きい揺れが続いた熊本地震

本章では、災害により被害を受けた状況において、市町村がどのように即興で状況を判断し、業務を継続するのかを考えます。２０１６年の熊本地震で被害を受けた熊本県益城町の事例をみてみましょう。

熊本地震では、強い揺れの地震が繰り返し起こりました。最初の大きな地震が起きたのは、４月14日21時26分。マグニチュード６・５（震度7）の地震でした。それまでは最初の最も大きな地震を「本震」、それに続く小さな地震を「余震」と言い、余震は徐々に小さく、発生回数も少なくなっていくと考えられていました。ところが、熊本地震では16日１時25分に14日の地震を上回るマグニチュード７・３（震度7）の地震が起きました。私は、最初の地震の翌日（15日）に熊本に行きましたが、16日の地震前後では被害の様子は明らかに異なり、度重なる強い地震により被害は拡大しました。

気象庁によると、４月14日から21日までの一週間に起こった有感地震の回数は２３４１回です（表

表2･1　熊本地震の有感地震回数
（出典：気象庁＊1より作成）

震度	回数
震度７	2
震度６強	2
震度６弱	3
震度５強	4
震度５弱	10
震度４	93
震度３	291
震度２	739
震度１	1197
計	2341

2・1）[＊1]。そのうち震度７は２回、震度６強は２回でした。当時の実感としては、緊急地震速報[＊2]の通知が届く前に揺れることも、通知が届いた後に揺れることもありました。これは、地震の震源が浅く緊急地震速報より早く揺れが到達したことや、あまりに頻繁に揺れるので、個々の緊急地震速報がどの地震の情報を伝えているのかがわからなくなってしまったためでした。

熊本地震が起こる前に、強い揺れの地震が続く災害として知られていたのが、１９９５年阪神・淡路大震災、そして２００４年新潟県中越地震です。新潟県中越地震では、１週間の有感地震の回数が５６０回、そのうち震度７が１回、震度６強が２回でした。熊本地震は、震度の大きい地震が相次いだという点においても有感地震の回数が多いという点においても、阪神・淡路大震災や新潟県中越地震を上回りました。

繰り返す強い揺れにより自宅が被害を受ける人が増え、避難者数は膨れ上がりました。４月14日の震度７の地震、16日の震度７の地震は、いずれも夜間に起こりました。夜、寝ている時に大きな地震が起きると、咄嗟に行動することが難しいために地震に対する恐怖感は強まります。停電すると、転倒した家具や落下したモノが散乱していても足元を確認できなくなるので、自宅から外に出る時にケガをするリスクもあります。寝ている時に地震が起きることへの不安、繰り返す余震に対する恐怖や、被害が拡大することを心配して、多くの人が自宅から避難しました。避難所に行った人もいれば、車のなかで寝泊まり（車中泊）をした人もいました。熊本県が地震後に県民に行ったアンケート調査では、車中泊をした人は67・5％に上りました[1]。

（2）益城町の災害対応

熊本地震により大きな被害を受けた町の一つが益城町です。4月14日の地震では最大震度7を観測しました。地震により庁舎が被害を受けた状況で、町は災害対応に追われました。ここでは、地震発生後に益城町がどのように業務を行っていたのかを辿ります[2]。

益城町では、14日の地震により本庁舎が停電し、関係機関との連絡調整や情報収集が困難になりました。そのため、災害対策本部を保健福祉センター「はぴねす」に移転するとともに、本庁舎前の駐車場に現地対策本部を設置しました。15日5時40分に九州電力から電源車が配備され、電気が復旧したことから、本庁舎に災害対策本部を戻しました。ところが、16日1時25分の地震により、本庁舎の建物が被害を受け、電源車は横転し、再び停電しました。町は再度、災害対策本部を保健福祉センターに移設

写真2・1　保健福祉センターに移設された益城町災害対策本部事務局の様子

し、本庁舎の仮復旧工事が終わる5月2日までの期間、保健福祉センターで災害対策業務を行いました（写真2・1）。

4月16日の地震により、避難者数は一挙に増えました。4月14日から6月3日にかけての益城町の避難者数・避難所数は図2・1の通りです。14日の地震から1週間が経過した4月20日時点での避難者数は1万1260人でした。益城町の人口（2015年時点）は3万3829人でしたので、人口の3割近い人が避難していたことになります。一般に、避難者数・避難所数は災害発生から3日〜1週間程度をピークに徐々に減少します。ところが、益城町では、避難者数は減少することなく、逆に避難所数は増えました。避難者数が減らなかったのは、住宅の倒壊により自宅に戻れない人が多かったためです。また、避難所数が増えたのは、発災直後は避難所が

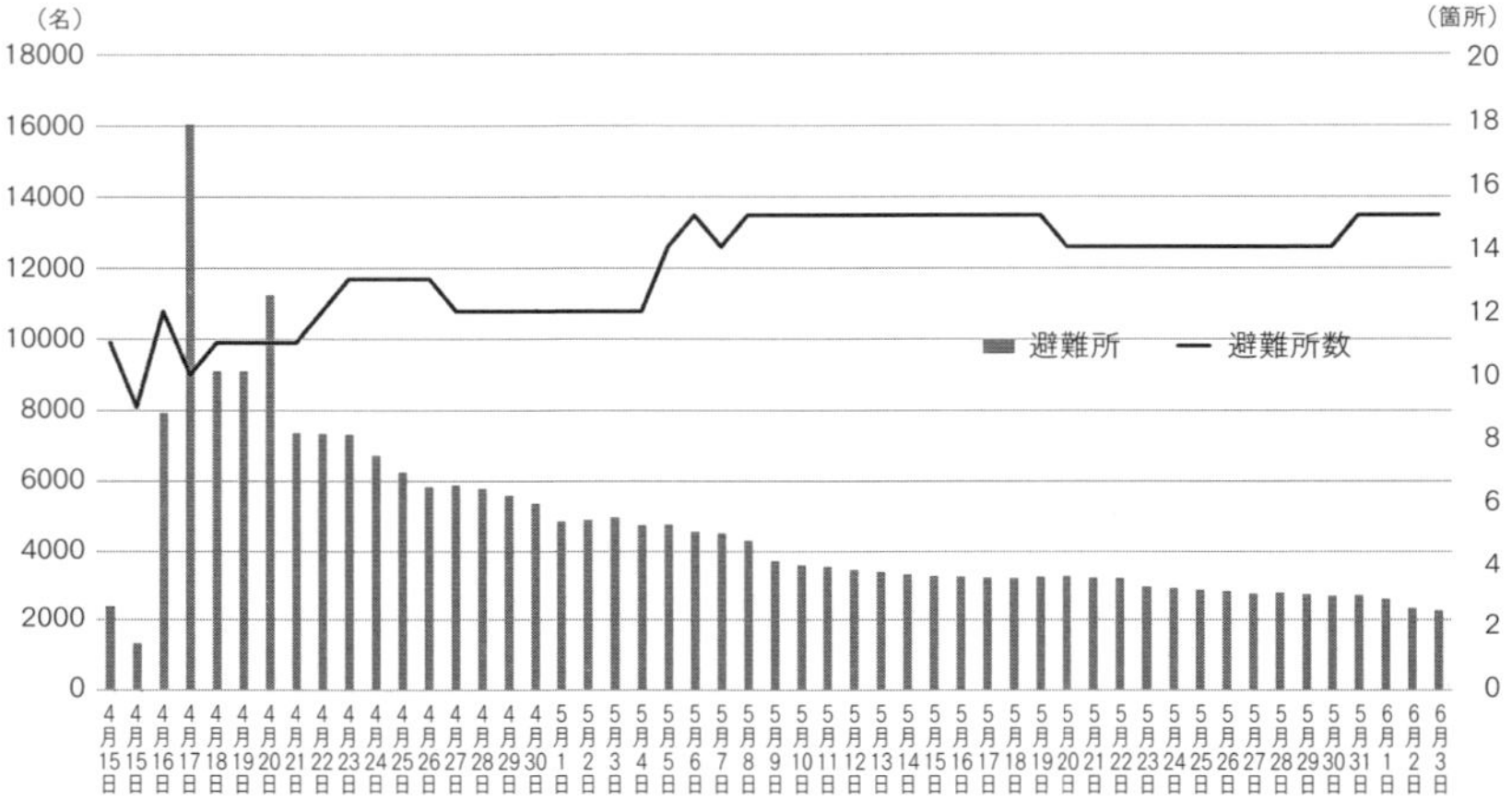

図2・1　益城町の避難所数と避難者数（出典：熊本県災害対策本部会議資料より作成）

混雑していたことから環境改善を図るために避難所を増やしていったからです。これらのデータからも、益城町の災害対応がいかに大変だったのかがわかります。

（3）プロジェクトチームによる災害対応

このように避難者数が多かったこともあり、避難所対応は町の優先課題となりました[3]。町は多数の職員を避難所に配置しました。災害対策本部会議は、避難所を担当していた職員が災害対策本部に戻った20時頃から行われました。災害対策本部会議では避難所対応を中心とした課題について検討されました。

ところが、避難所対応を優先したことにより、急ぐ通常業務や、災害復旧・復興業務に手が回らなくなりました。住宅被害棟数が多かったことから、住宅の被害認定調査や罹災証明書の発行、被災家屋の解体、瓦礫除去、仮設住宅を建設するための土地の確保などが急がれましたが、対応できる職員

広報 ましき　災害臨時号　No. 2

■平成28年5月2日発行
■発行／益城町

町長メッセージ

あの甚大な被災から16日が経ちました。

余震が続く中、皆さまにおかれましては不安な時間をお過ごしのことと拝察いたします。

今、私たちは、国および熊本県をはじめとする多くの自治体、団体の応援をいただきながら、皆さまの日常生活が一日も早く回復するために、職員一丸、全力で復旧作業に取り組んでいます。

現在、上下水道は56％ほど復旧しておりますが、まだまだ不便な生活を送られている方も多く、完全復旧には時間を要すかもしれませんが、確実に作業を進めているところです。

仮設住宅建設につきましても、一刻も早く、安心してくつろげる場所がご提供できるよう熊本県と調整を図っていますので、今しばらくお待ち願います。

依然として避難所生活や車中泊を強いられている方が多くいらっしゃいますが、こんな非常事態の最中にあっても、「私たちに何か出来ることはありませんか」「お役に立ちたい」というお言葉をいただき、涙がでました。益城町の底力を見たようで、必ずやあの美しい町を取り戻すのだと、心を奮い立たせている次第です。避難されている皆さまにおかれましては、くれぐれも健康にご留意くださいますようお願い申し上げます。

今日の一歩、明日の一歩。確実に歩む一歩の中に、私たちの益城町に復興の光が見えてくるのです。

私は、町の長としての使命を賭して、必ずこの益城町をよみがえらせます。そして、全身全霊で町民の皆さまをお守りいたします。

困難な道のりになるかもしれませんが、皆さまに心からの笑顔が戻るその日まで、どうか、心をひとつに合わせて、この試練に立ち向かってまいりましょう！

益城町長　西村博則

災害対策会議（保健福祉センター）

災害対策本部の一部を 5月2日から 順次移転

この度の地震により大きな被害を受けていた役場庁舎の一部について、使用できる見通しが立ったことから、町保健福祉センターに設置している益城町災害対策本部の一部を、5月2日（月）から順次本庁舎に移転します。

なお、役場の通常業務については、町公民館を中心に場所を確保し、順次窓口を開設していく予定ですので、今後のお知らせにご留意ください。ご迷惑をおかけしていますが、今しばらくお待ちください。

ご協力お願いします

災害がれきの分別ルール

被災した家屋の整理・清掃をされる際に発生するごみは、のちの処理に影響しますので、分別をお願いします。なお、がれきの搬入の際は袋から出し、投げ込まずに指定の場所に置いてください。

【分別区分】
①木（家具）　②木（柱）　③畳・布団　④家電4品（テレビ・冷蔵庫・洗濯機・エアコン）　⑤その他家電（電子レンジなど）　⑥コンクリートくず　⑦瓦　⑧金属ごみ　⑨ガラス・陶磁器
※災害がれきは、ごみステーションには出せません。
※通常の可・不燃ごみは、ごみステーションへ。
災害がれき受け入れを一時中止します
【中止期日】5月2日（月）、3日（火）、6日（金）

生活情報（5月1日現在）

【避難所】　保健福祉センター／総合体育館／交流情報センター／飯野小学校／広安小学校／広安西小学校／益城中央小学校／広安愛児園／グランメッセ熊本／阿蘇熊本空港ホテルエミナース／いこいの里／益城幼稚園
【給水所】　◆自衛隊…役場／保健福祉センター／総合体育館／飯野小学校／広安小学校／ひろやす荘／熊東園／いこいの里
◆その他…役場／総合体育館／グランメッセ熊本／広安西小学校／益城中央小学校
【炊き出し】　◆自衛隊…役場／保健福祉センター／総合体育館／飯野小学校／広安西小学校
【入浴】　◆自衛隊…保健福祉センター／総合体育館　午後3時〜10時　要洗面用具
【住まい】　罹災証明書の受け付け　◆5月5日（木）まで…飯野小学校／広安西小学校／広安小学校／ひろやす愛児園／交流情報センター／益城中央小学校／益城幼稚園／いこいの里／阿蘇熊本空港ホテルエミナース　午前9時30分〜正午／午後1時〜4時　◆5月6日以降…益城町公民館講堂　午前9時〜午後4時　免許証など本人と確認できるものが必要
☎096・289・2911
096・289・2912

図2・2　益城町による広報誌の災害臨時号
災害対策本部移転のニュースが掲載されている

の数が限られており、それらの業務まで手が回らない状況でした。

そこで、災害対策本部をどうやって機能させるか、その方策を検討するための会議が、益城町、熊本県、国（内閣府）、関西広域連合などの外部から支援に訪れていた団体などにより行われました。そして、町長の判断により4月25日には、災害対策本部内に「対策班」と、優先的に対応が求められる事項に対応するための「プロジェクトチーム」が設置されました。プロジェクトチームは、「住まい支援」「役場機能再建」「罹災証明」「被害認定」「避難所対策」の5チームが設置されました。

5月2日に被害を受けていた本庁舎の復旧工事が終わったことから、役場機能は本庁舎に戻されました。住民窓口業務の一部は、地震発生後の4月15日から保健福祉センターで再開されていましたが、全ての窓口業務を再開するだけの執務環境は整わず、再開できずにいました。本庁舎に役場機能が戻されたことにより、窓口業務の体制を整えることができ、地震から3週間が経過した5月6日に、本庁舎に隣接する中央公民館で窓口業務が再開しました。なお、窓口再開に当たっては、住民が相談しやすいように「地震相談窓口」という、地震に関する様々な相談を1ヶ所で行うことができる、ワンストップ窓口が設置されました。このような町の災害対応の情報は、臨時の広報誌「広報ましき災害臨時号」により住民に周知されました（図2・2）。

以上に述べた益城町の事例は、災害時にどのような業務を優先させるのかという状況判断の難しさを示しています。避難所対応業務を優先したのは多数の人が避難所にいたためです。しかしながら、それにより平常時の業務や被災地の復旧業務を行うことが難しくなりました。災害時に特定の業務を優先させると、全体の業務継続が困難になりかねません。それでは、どう判断するのでしょうか。

2　住民の目線で考える業務継続計画

（1）市町村の業務継続の目標

災害発生時にも必要な業務が継続できるように、災害時にどの業務を優先するのかなどを定める計画が「業務継続計画（ＢＣＰ：Business Continuity Plan）」です。企業であれば、災害による経済的損失を防ぐという目標に向けて、業務を継続することが重要になります。しかし、市町村の業務継続は、企業の業務継続とは本質が異なります。なぜなら市町村は、経済的利潤を得るために業務を行うわけではありません。それでは、市町村が業務を継続する目標は何でしょうか。

地方自治法は、市町村の役割を「住民の福祉の増進を図ることを基本として、地域における行政を自主的かつ総合的に実施する役割を広く担うものとする」（地方自治法第１条の２）と定めています。また、災害対策基本法は、市町村の責務を「住民の生命、身体及び財産を災害から保護するため、関係機関及び他の地方団体の協力を得て当該市町村の地域に係る防災に関する計画を作成し、及び法令に基づきこれを実施する責務を有する」（災害対策基本法第５条）としています。つまり、市町村においては、住民の福祉増進を図るとともに、災害から住民の生命・身体・財産を守るために業務を継続することが求められています。

(2) 計画と実態のギャップ

実際に市町村の業務継続計画がどのような観点で策定されているのかみてみましょう。内閣府は、２０１０年に「地震発生時における地方公共団体の業務継続の手引きとその解説[4]」を、また、東日本大震災やその後発生した災害の経験を踏まえた「大規模災害発生時における地方公共団体の業務継続の手引き[5]」（２０１６年2月）を定めるとともに、「市町村のための業務継続計画作成ガイド[6]」（２０１５年5月）を策定しています。

これらの手引きやガイドでは、災害により人、物、情報などの利用できる資源が限られる状況において、優先的に実施すべき業務（非常時優先業務）を特定するとともに、業務の執行体制や対応手順をあらかじめ定めておくことが示されています。図2・3が、災害時の業務の概念です。

非常時優先業務とは、避難所対応や物資の提供などの地域防災計画において「応急対応業務」として位置付けられている業務、通常業務のうち「業務の継続の優先度が高い通常業務」、罹災証明の発給や仮設住宅への入居手続きなどの早期の対応が求められる「災害復旧・復興業務」、その他「新規発生業務」などのことです。特に、地震や浸水被害のように、同時に多数の住宅が被害を受けるような災害で

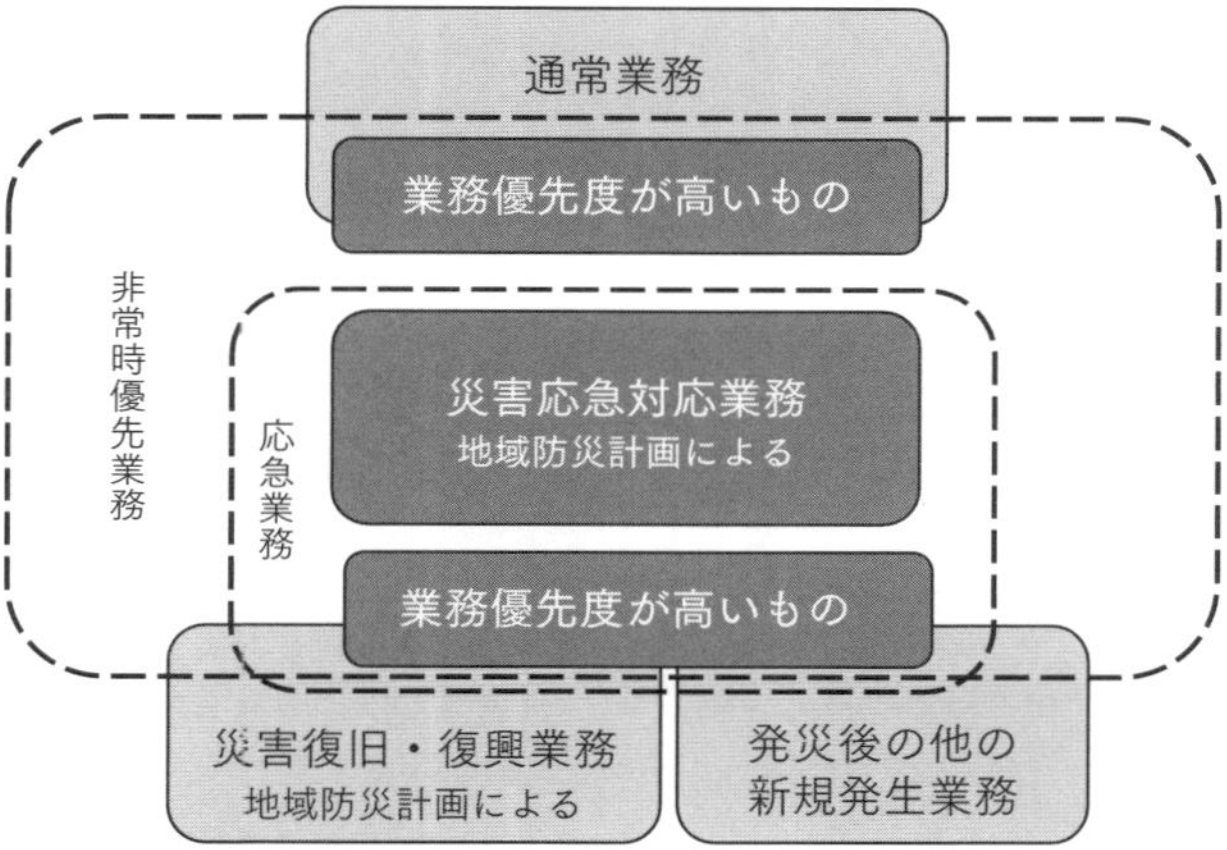

図2･3　災害時の業務の概念

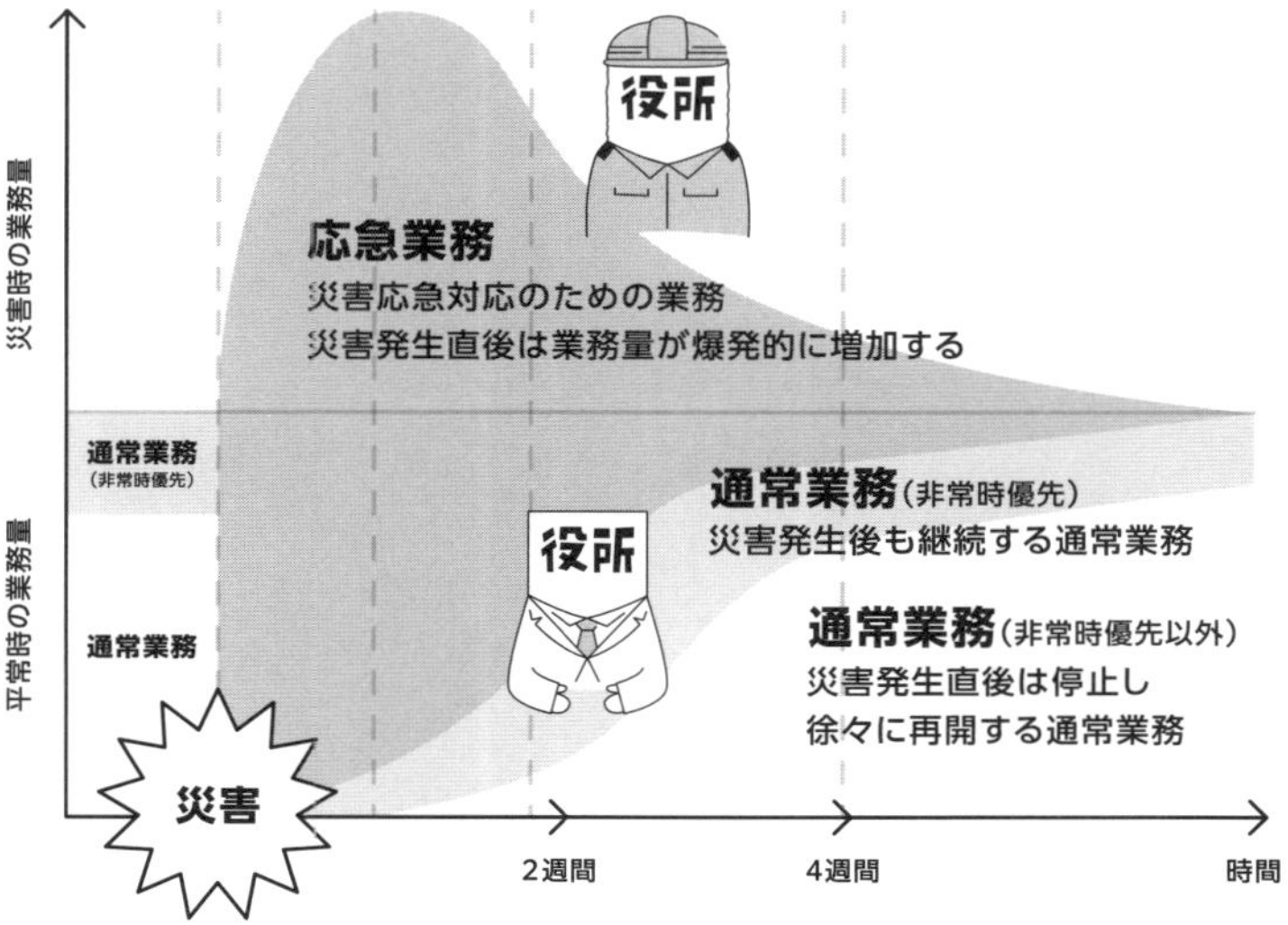

図2･4 災害発生後の業務量のイメージ

は、応急対応業務は大きくなります。

災害発生後の業務量の推移を示す概念図が図2・4です。災害が起きると、応急対応業務が急激に増加します。通常業務のなかにも災害時に継続して行わなければならない業務もあります。これらの対応を急ぐ業務に多くの職員を配備し、逆に急がない通常業務は再開を遅らせる、というのが業務継続計画の考え方です。

ここで述べた業務継続計画の考え方は、手引きなどに記されているものですが、避難所対応や物資対応などの応急対応業務が重視される一方で、被災者がどうすれば支援を受けやすくなるのか、という視点が欠けているようにみえます。

それでは、どうすれば被災者が支援を受けやすくなるのでしょうか。市町村は、私たちが日常生活を営むうえで必要な教育、医療などの公共サービスを提供しています。これらの公共サービスを受けるには、市町村の「住民窓口」[*3]で申請手続きを行わなければなりません。住民窓口は、住民と市町村とをつなぐ大切なコミュニケーションの場です。

被災者に対しては、行政は生活再建を支援するための制度を設けています。例えば、住宅の被害を受けた場合は、どの程度の被害を受けたのかを調査・認定してもらい、それを証明する罹災証明が発行されます。住宅の被害の程度に応じて、生活再建支援金を受け取ることができます。義捐金や見舞金が支払われることもあります。家族が災害により死亡すると、災害弔慰金を受け取ることができます。税金が減免される、医療費が免除されることもあります。ただ、これらの支援を受けるには、通常の公共サービスと同様に、住民窓口で申請手続きが必要になります。そのため被災者が支援を速やかに受け取ることができるよう、どのような生活再建支援制度があるのかを早く伝えるとともに、手続きを行うための住民窓口を再開する必要があります。このように、住民の「支援の受けやすさ」という観点から市町村の業務継続計画を考えると、災害時に優先すべき業務の一つは窓口業務です。

そこで次節では、いつどのタイミングで窓口業務が再開されていたのかを、阪神・淡路大震災で被災した兵庫県芦屋市と、東日本大震災で被災した岩手県釜石市の事例からみてみましょう[7]。

3　阪神・淡路大震災（1995年）で被災した芦屋市の窓口業務再開

（1）芦屋市の被害概要

芦屋市は、兵庫県南部に位置しており、阪神・淡路大震災では前述の神戸市と同様に大きな被害を受けました。地震が発生した時刻が5時46分と早朝だったこともあり、自宅で被災した職員も多く、職員本人の死亡が４名、負傷が１１１名、自宅が全壊した人が１２１名（９・３％）、半壊した人が１２０

名（9・3％）、一部損壊した人が484名（37・3％）でした。[8] 災害対策を指揮した北村春江市長自身も自宅が全壊し、配偶者も骨折し重症となりましたが、災害対応を指揮しなければなりませんでした。[9]
芦屋市では市外から通勤している職員が多く、地震時に芦屋市内に自宅があった職員は全職員の3割程度でしたので、電車・バスなどの公共交通が運休したことにより、地震発生当日に出勤できた職員は42％だけでした。[10] 災害から1週間が経過してようやく、9割の職員が出勤できるようになりました。市本庁舎は、地震により建物の被害を受けたものの、施設は利用することができました。

（2）芦屋市の窓口業務再開

芦屋市の窓口業務再開日が表2・2です。[*4] 地震後に最も早く再開した窓口業務は、戸籍届（死亡など）の受付けと火葬許可証の発行であり、地震翌日の1月18日に再開されました。19日からは、環境課による火葬の手続きが再開されました。芦屋市では18日の時点で263名の死亡が確認されていたことから、遺体の埋火葬のための事務手続きが急がれました。

次いで、再開した業務が、保険年金関連業務でした。地震から4日後の21日に保険年金課の保険証再交付・資格証明書の発行発給、福祉課の医療助成相談・医療受給者証再交付の手続きが再開されました。負傷した人のなかには、家が全壊・焼失し、保険証などの証書を失った人もいたことから、これらの人への手続きが急がれました。

表2・2　窓口業務再開状況（芦屋市）

日付	担当部署など	通常業務
1月18日	市民課	戸籍届け（死亡など）の受付 火葬許可証発行
1月19日	環境課	火葬開始（近隣市の火葬場を使用）
1月21日	保険年金課	保険証再交付 資格証明書 受付事務
	福祉課	医療助成相談業務再開 受給者証再交付受付 現金給付受付
	環境課	ゴミの収集
1月23日	市民課	死亡届の受理
	税務課	原付証明（交付24日以降）
1月26日	市民課	印鑑登録・住民記録オンライン処理開始
1月27日	市民課	各種証明書（住民票の写し、住民票掲載事項証明書、戸籍謄抄本、戸籍の附票、年金現況届、印鑑登録証明書、外国人登録済登録証）
1月28日	市民課	各種証明（除籍謄抄本、身分証明書） 戸籍の届け 住民異動届の一部
	保育課	保育所入所（更新）申請受付
1月29日	保険年金課	国民健康保険 国民年金 医療の相談
1月30日	市民課	外国人登録オンライン処理開始
	保険年金課	国民年金窓口受付再開
	福祉課	医療助成オンラインシステム稼動 ※システム自体は18日から稼働可能 窓口業務再開
	教育委員会	高等学校再開（10：00～12：00）
1月31日	保健センター	インフルエンザ予防接種

芦屋市では地震後に停電が続いており、庁内ネットワークが稼動せず、各種証明書（住民票、住民票記載事項証明、戸籍謄本・抄本など）の発給は、地震から10日後の27日のシステムの回復を待って、ようやく再開しました。

被災者が、早期の業務開始を求めたのが、罹災証明書の発行です。阪神・淡路大震災では、建物の被害棟数が多く、なかには地震により被害を受けた家屋もあれば、火災により被害を受けた家屋もありました。地震と火災とでは、住宅の被害認定を担当する部局は異なっており、どの部局がどの業務を行うのかという調整が求められました。1月21日に事務調整を行う体制が検討され、地震による証明の発行は保健福祉部が、火災による証明の発行は消防本部が、建物被害調査は消防本部が行うことになりました。建物被害認定調査には時間がかかることから、1月23日からは被災者の自己申告による仮の罹災証明の発行手続きを開始し、2月20日に、調査結果に基づく正式な罹災証明書の発行が開始されました。ただし、罹災証明書発行後も、調査結果に不服を感じる人がいたことから、再調査申請が出され、罹災証明書の発行事務と再調査依頼事務が並行して行われました。

以上に述べたように、窓口業務には多様な業務があります。芦屋市では、災害発生直後は、遺体の埋火葬対応業務を再開し、その後、コンピュータシステムが稼働するようになってから、徐々に対応可能な業務を再開してきました。窓口を訪れる人が多かったことから、通常の窓口とは異なる場所（市役所南館経済課、芦屋浜市民サービスコーナー）にも窓口は設置されました。

4　東日本大震災（２０１１年）で被災した釜石市の窓口業務再開

（1）釜石市の被害概要

阪神・淡路大震災とは異なり、２０１１年の東日本大震災が発生した時刻は14時46分と職員の勤務中に起きた地震でした。地震後の津波により、太平洋沿岸の市町村は業務継続が困難な状況に追い込まれました。そのような状況においてどのように窓口業務を再開したのか、ここでは、岩手県釜石市の事例から検討します。*5

釜石市は、津波により第1庁舎の地下、第2～第4庁舎の1階、保健福祉センター1階が浸水しました。また、第1庁舎・第4庁舎の周辺には大量の瓦礫が押しよせ、職員の多くが庁舎内にいる状況で孤立しました。津波により、市内全域が停電し、第1庁舎の地下階にあった機器室も浸水し、庁舎内ネットワーク、インターネットともに使用不可となりました。通信手段が絶たれたことから、市内の状況把握が困難になりました。

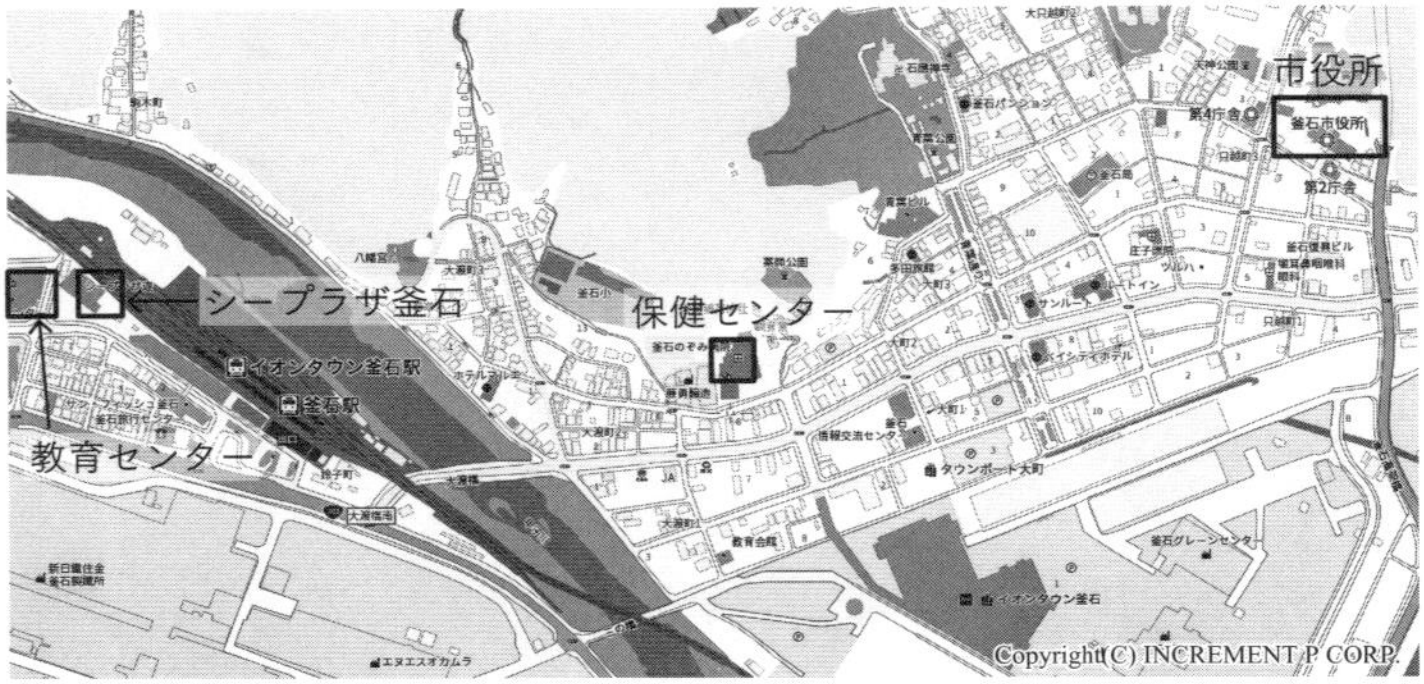

図2・5　釜石市地図（関係する庁舎の場所と窓口移転先）

本庁舎が被害を受けたことに加え、本庁舎の周辺が瓦礫で覆われ、道路が通れなくなり、庁舎のアクセスが難しかったことから、市は住民窓口を釜石駅に隣接するシープラザ釜石に移設し（図2・5）、そこで3月15日に窓口業務が再開されました。シープラザ釜石には、「市民課窓口」「健康推進課（国民年金・医療給付）窓口」「税務課窓口」「罹災・被災証明窓口」「がれき撤去相談窓口」「被災者生活再建支援相談窓口」などの様々な窓口が集約され、ワンストップでのサービスの提供が行われました。

（2）釜石市の窓口業務再開状況

釜石市で最初に再開された窓口業務は、死亡届の受付でした（表2・3）。先ほど述べた芦屋市の事例と同様に犠牲者が多かったので、死亡届に関連する業務が膨大なものになりました。死亡届を受け付けたあとは、死亡に伴う戸籍・住民票などの登録データの変更、火葬の斎場調整など、付随する一連の調整業務を行わなければなりません。住民データはシステム化されていることから、停電に

表2・3　窓口業務再開状況（釜石市）

日付	担当部署など	業務内容
3月13日	市民課	死亡届の受付（通常の死亡を起因とする）
3月14日	市民課	釜石斎場（火葬業務）の再開
3月15日	市民課	死亡届の受付・埋葬火葬許可の発行
3月23日	健康増進課	国保資格関係受付 国民年金適応
	地域福祉課	生活保護業務
3月25日	保健課	母子手帳交付準備
4月 1日	市民課	住民票の発行
	税務課	各種証明書の発行
4月11日	税務課	罹災証明の発行

よりシステムが稼働しなくなると作業を進めることが難しくなります。

当時の業務再開状況をたどると、死亡届の受付窓口は、地震の翌日に再開しました。事務手続きはオンラインシステムを用いて行いますが、停電によりシステムは全く使えない状況でした。そこで、日常業務で使われていないものの、かつては使われていた複写式の様式を用いて受付手続きは行われました。死亡届を受け付けた人から、順に火葬の手続きが行われました。市内には斎場が1ヶ所しかなく、1日10体の火葬しかできなかったため、火葬には他の自治体の協力が必要でした。他の市で火葬可能な日・時間・数の一覧が作成され、届出に来た人にその表の確認を依頼しました。1日70～80件の届出の受付が行われましたが、一人一人の作業に時間を要したことから混雑し、受付から対応までに1時間以上要した人もいました。

4月1日からは、住民票・印鑑登録・異動届などの業務の受付が、教育センター5階で再開されました。住民登録のためにオンラインシステムが導入され、受付が終了した人から順にデータ入力が行われました。これらの窓口業務は、4月15日には教育センターからシープラザ釜石に移されました。5月16日からは戸籍関係の証明書の発行業務が再開しました。戸籍関係の業務は、データ入力に際して確認しなければならない項目が多くあるため、確認項目の少ない住民票対応が優先されました。

窓口業務を担当していたのは、市民課の職員でした。市民課の職員数は10名でしたが、対応しなければならない業務が多く、5月ごろまでは休日が取れない状況が続きました。6月からは北九州市から、その後全国の市町村の職員の派遣があり、業務体制は改善されました。シープラザ釜石での臨時の窓口業務は1年近く継続し、2012年3月5日に庁舎に業務が戻されました。

以上に述べたように、釜石市の職員は、災害発生直後より膨大な窓口業務に取り組んでいましたが、その対応に対して職員や市民から様々な改善要望が出されました[11]。職員からは「窓口が混雑した」「業務が多様であり担当が不明であった」「情報が不足・錯綜していた」などの課題が指摘されました。また、住民からの要望・課題として最も多かった意見は、「証明書の発行を早くして欲しい」でした。「戸籍や住民票の発行はいつになったら始まるのか」「罹災証明発行の初期には長蛇の列ができ、3時間以上待ちになった」「震災直後は、住民票など身分を証明するものの交付事務の復旧までに時間がかかり、住民の苦情が過激だった」「窓口がわかりにくい」「たらいまわしにされた」「どこで、どのような手続きをしたらよいのかわかりにくい」などの意見があり、窓口が混雑し混乱していた様子が伺えます。とはいえ、対応する職員数も十分ではなく、その業務を専門としていない職員や、職員自身も情報を持っ

表2・4　窓口業務再開に要した日数
（芦屋市・釜石市）

業務内容	芦屋市	釜石市
死亡届の受理	1日	3日
死亡届の受付	6日	5日
住民票の発行	10日	22日
戸籍証明の発行	10日	32日
国民年金	7日	22日
一般ゴミ収集	4日	13日
学校の再開	16日	35日
罹災証明の発行	34日	32日

ていないなかで業務を行わなければなりませんでした。そのうえに、窓口対応に関わる職員の多くは通常業務を抱えており、窓口業務と通常業務の両方をこなさなければなりませんでした。

5　窓口業務再開の手順と工夫

以上に述べた、芦屋市・釜石市の事例は、災害発生直後から窓口業務の再開が必要であったものの、対応が難しかったことを示しています。芦屋市と釜石市の窓口業務再開に要した日数を整理した結果が表2・4です。釜石市の方が再開に時間を要しており、住民票の手続き再開までに22日が、戸籍証明書は32日を要していました。これは、窓口を本庁舎から別の場所（シーサイドパレス釜石）に移設しなければならなかったことや、オンラインシステムの稼働に時間を要したためです。芦屋市の場合は、本庁舎は使用可能であったものの、停電によりシステムの稼働に時間を要しま

表2・5　芦屋市の戸籍証明・住民票発行件数（災害前後）

状況	人口（人）	戸籍（有料及び無料）		住民票（世帯全員の写し）（有料及び無料）	
		発行件数（件）	人口比（％）	発行件数（件）	人口比（％）
災害発生時（H5）	85,196	2,707	3.2	30,552	35.9
災害発生時（H6、H7の平均値）	80,829	3,094	3.8	38,153	47.0

した。ただし、システム自体の被害は少なかったため、電源が回復しシステムを使用できるようになると業務を再開できました。このことからは、窓口業務の再開には、第一に庁舎の被害の有無が、第二にシステムの稼働状況が影響を及ぼすことがわかります。住民票・戸籍などの証明書発行業務は、オンラインシステムを活用しているため、システムが稼働しないと発行業務を行うことが困難です。

窓口業務の業務量を、芦屋市の戸籍・住民票の発行件数に着目し、災害発生前後で比べた結果が表2・5です。[*6] 災害発生後の住民票の発行件数は大きく増加し、住民の47％に対して住民票を発行しなければなりませんでした。

窓口業務の再開順序をみると、芦屋市・釜石市ともに最初に再開した窓口業務は、死亡届の受付でした。遺体を埋葬するには、死亡届を受理した後に火葬許可を発行し、斎場を手配するという一連の事務手続きが必要です。火葬できる遺体の数には限りがあるため、多くの人が命を失う災害では、死亡に伴う業務は大きくなり対応が急がれます。これらの手続きについては、電気が復旧していない状況でも行う必要があります。オンラインシステムの稼働を待ち再開された業務が、住民票などの証明書の発行です。証明書を発行するには、必要な項目の確認・入力作業が必要です。システムが稼働しない間は届出の受理を優先し、入力・発行作業はシステム回復後に行う、確認項目が少ない住民票対応を優先させるなど、業務再開手順に様々な工夫がみられました。

窓口対応について、釜石市の事例からは、第一に災害発生直後は大勢の人で窓口が混乱する、第二に担当が不明瞭な多様なニーズを抱えた人が訪れる、第三に情報が不足しているため十分に回答ができないなどの課題が示されました。そのため、効率良く窓口対応を行うための手順は事前に検討しておく必要があります。

6　ワンストップ窓口の設置と被災者支援の質の向上

これまで繰り返し述べたように、窓口業務を早期に再開することは、被災した住民の支援を受けやすくするには重要です。早期に窓口を設置することは、被災者への行政支援の質の向上にもつながります。そのためのアプローチとしては以下の点が考えられます。

第一に、同時に複数の手続きが効率良く進められるよう、被災者支援に関する窓口を集約した「ワンストップ窓口」を設置することです。前述の益城町や釜石市では、いずれもワンストップ窓口が設置されていました。窓口の設置に際しては、訪れる人を待たせることなく、プライバシーを確保しつつも対応できるような空間配置や業務体制を整備することが求められます。業務体制としては、混雑が想定される業務については作業端末数を増やす、市町村間の職員支援を得て配置する職員数を増やす、担当が不明瞭な案件の対応窓口を設置するなどが考えられます。

第二に、被災した人は、行政手続きだけでなく、生活をめぐる様々な悩みを抱えています。自宅の再建に必要な税金の手続きや、遺産の問題、被災したことによる消費生活の悩みや、災害に便乗した消費者トラブルに関する相談もあります。ワンストップ窓口に、消費生活センターを併設する、法律相談や保険の相談窓口を設置すると、それらの問題も相談できます。そのような活動に協力を得られるように、弁護士会・司法書士会などの士業関連団体との連携体制を平常時から構築しておくとよいでしょう。

第三に、災害発生直後は利用可能な交通手段が限定される、あるいは地域外に避難しているなどの事情により窓口に行くことが容易ではない事態も考えられます。そこで、窓口機能の出張サービスを行う、あるいはオンラインなどで申請手続きができるとより支援が受けやすくなります。

前節で述べたように、窓口業務は通常業務として位置付けられていますが、災害時には業務量が増え、かつ対応を急ぎます。それにもかかわらず、なぜ、現行の業務継続計画では、窓口業務の優先度合いが高くないのでしょうか。その一因としては、業務継続計画が地域防災計画との延長で検討されがちであり、災害対応の実態が反映されていないという問題が考えられます。業務継続の手引きをみると、計画策定にあたっては地域防災計画を参照することが示されています。そのため、地域防災計画に記載されている応急業務については反映されていますが、地域防災計画に記載のない通常業務への対応については示されていません。つまり、通常業務への対応が漏れています。このことが窓口業務再開の優先度合いに影響を及ぼしています。

とはいえ、住民への公共サービスの継続という観点から業務継続計画を検討すると、自治体と住民の接点となる窓口業務の業務継続・再開の優先度は、通常業務であってもその必要性が高いことは明らかです。このことは災害時の状況判断において、「被災者がどうすれば支援を受けやすいか」を考えるための大切な状況判断の視点となります。

7　災害時の行政サービスの継続

本章では、災害により甚大な被害を受けた状況において、市町村がどのように業務を継続していたのかを過去の災害対応の事例から検討しました。市町村の業務継続計画の策定状況をみると、令和４年の段階では97・2％の市町村（１６９３団体）において業務継続計画が策定されています。*7けれども、それが実行性を持つものとなっていない可能性があります。本章で述べたように市町村にとって被災者支援は業務の優先度が高くなります。大規模な災害により職員が勤務できない、災害に伴い膨大な業務が発生するという状況においても、被災者支援は求められます。複数の避難所が開設され、そこに多数の人が避難すると、避難所対応業務が膨れ上がります。とりわけ避難所に対しては、世間の関心は高くメディア報道も集中し、市町村としても総力を挙げて対応しがちです。

けれども、本章で述べたように避難所対応のみを優先すると、他の業務への対応が遅れてしまいます。被災者支援業務には避難所以外にも在宅で生活する人への支援、水や物資の提供、建物の被害認定と罹災証明の発行、仮設住宅の建設など、対応が求められる業務が複数あります。避難対応をどのように行うのかは第4章で述べます。また、通常業務ではあるものの、窓口業務のように業務の再開が急がれるものもあります。そのため、業務のなかでの優先づけや通常業務とのバランスの検討と優先づけは必須です。

災害時に行政と住民とがコミュニケーションが取れる体制にあるのか、あらゆる人々に支援が届く体制にあるのかは状況判断において大切な視点です。ただし、被害の規模が大きく職員だけでは業務を行うことが難しい事態も想定されます。そのような時には、益城町の事例のように外部からの支援を得てプロジェクトチームを設置して業務を継続できるようにしなければなりません。災害時に外部の支援とどのように連携するのかについては、次章で述べます。

補注

＊１　気象庁地震火山部「平成28年（２０１６年）熊本地震」（震度1以上の最大震度別地震回数表）

https://www.data.jma.go.jp/eqev/data/2016_04_14_kumamoto/kumamoto_over1.pdf

＊２　緊急地震速報は、Ｐ波という最初の地震の波を検知した後に、Ｓ波がいつ来るのかを知らせる仕組みです。

＊３　窓口業務の内容は市町村により異なることから、ここでは、内閣府通知「市町村の出張所・連絡所等における窓口業務に関する官民競争入札又は民間競争入札等により民間事業者委託することが可能な業務の範囲等について」（平成20年1月17日付）、及び平成27年6月4日付内閣府通知に基づく業務を窓口業務と位置付けています。

＊４　芦屋市の記録（芦屋市、１９９７）に基づき作成。

＊５　釜石市の提供による内部資料に基づき作成。

＊６　芦屋市については、市の提供による内部資料に基づき作成。

＊７　消防庁、地方公共団体における業務継続計画策定状況の調査結果（令和4年3月30日）

https://www.soumu.go.jp/main_content/000802694.pdf

参考文献

（１）熊本県知事公室危機管理防災課「平成28年熊本地震に関する県民アンケート調査結果報告」熊本県、２０１８

https://www.pref.kumamoto.jp/uploaded/attachment/50130.pdf

（２）益城町『平成28年熊本地震益城町による対応の検証報告』２０１８

（３）人と防災未来センター「平成28年４月　熊本地震における災害対応の現地支援に関する報告書」『ＤＲＩ調査レポー

ト2016』01、2017
（4）内閣府『地震発生時における地方公共団体の業務継続の手引きとその解説（平成22年4月）』2010
（5）内閣府『市町村のための業務継続計画ガイド―業務継続に必須な6要素を核とした計画（平成27年5月）』2013
（6）内閣府『大規模災害発生時における地方公共団体の業務継続の手引き（平成28年2月）』2016
（7）阪本真由美・原野直子・河合弘樹「災害時における市町村の窓口業務継続に関する研究」『地域安全学会論文集』pp.241-247、2017
（8）芦屋市『復興への歩み　阪神・淡路大震災の記録Ⅱ　1996・4－2000・3』2001
（9）下川裕治『芦屋女性市長震災日記』朝日新聞社、1995
（10）芦屋市『阪神・淡路大震災芦屋市の記録　'95－'96』1997
（11）釜石市『東日本大震災検証報告書（平成23年度版）』2012

第3章

大規模広域災害を乗り切る自治体間連携

2011年東日本大震災

1

重要な役割を担う自治体間の応援協力

災害により市町村が深刻な被害を受けた時に、災害対応を乗り切るうえで重要な役割を担うのが、他の都道府県・市町村の職員による「応援」協力です。災害対策基本法は、自治体間の相互連携の重要性を示すとともに、応急対策・災害復旧のために必要な時は、他の自治体に職員の「派遣」や「応援」を要求することができることを定めています。[*1]「派遣」と「応援」は、いずれも自治体職員による人的支援のことです。ただし、「派遣」と「応援」とでは、派遣期間、身分、用務などが異なります。[(1)]「派遣」は、災害応急対策や災害復旧のために職員を派遣するものであり、身分は派遣先との併任になり、派遣期間は比較的長期間です。これに対し、「応援」は、応急対策を支援するために職員が短期間派遣されることです。「派遣」には、被災自治体からの要請が求められます。また、地方自治法に基づいて事務手続きが行われるので、実際に職員が派遣されるまでには時間がかかります。そのため、災害発生直後の応急対策業務のほとんどは、「応援」によるものです。

このような自治体の職員による応援協力の重要性は、阪神・淡路大震災をきっかけに広く認識されるようになりました。災害に備えて、隣接する自治体・姉妹都市・友好都市などとの間で相互応援協定を締結している事例も多くあります。自治体間で締結される相互応援協定には、単独の都道府県・市町村間で締結される協定もあれば、全国知事会による地域ブロックごとの相互応援協定（以下「ブロック協定」）や政令都市による「21大都市災害時相互応援に関する協定」のように、複数の自治体の連携によるものもあります。また、事前に協定などは締結していないものの、その場で即興で応援協力が行われることもあります。

そのような即興による自治体間連携で災害対応が行われた事例として、本章では、東日本大震災の事例分析に着目します。どのように連携が行われたのか、その特性と課題を検討し、応援協力を効果的に活用するための方策を提案します。

2　宮城県にみる県域の受援情報把握の課題

(1) 被災市町村の情報把握をめぐる課題

ここでは、災害時の自治体間の応援協力がどのように行われたのか、どのような課題がみられたのかを、東日本大震災における宮城県の災害対応の検証記録[2]と著者自身が宮城県において災害対応に関わった経験に基づき整理します。*2

宮城県は、2011年3月11日14時46分の東北地方太平洋沖地震発生と同時に、災害対策本部を設置しました。そして、被害が想定された太平洋沿岸の市町の情報収集を試みました。しかし、地震・津波により通信回線は途絶し、交通網は寸断され、情報収集は困難を極めました。沿岸部の被害は深刻であり、県の地方機関施設も気仙沼合同庁舎、石巻合同庁舎、南三陸合同庁舎は津波により浸水という被害を受けました。市町についても、石巻市役所は津波により孤立、南三陸町、女川町の庁舎は津波により全壊しました。

宮城県は総合防災情報システムＭＩＤＯＲＩを整備しており、災害時にはＭＩＤＯＲＩを活用して被災市町の情報を把握することになっていました。しかしながら、通信回線の寸断によりＭＩＤＯＲＩを活用した被害情報の把握は困難でした。また、各市町には被災情報を収集するための職員を配置していたものの、災害対策本部への情報伝達事項や、情報伝達手段は検討されていませんでした。通信回線が途絶し、交通網も寸断し、行政機関が甚大な被害を受けた状況において情報を把握する術がありませんでした。

（2）全国都道府県による宮城県への応援

被災した宮城県を支援しようと、災害発生直後から全国の都道府県の職員が応援に駆けつけました。

表3・1　大規模災害時の北海道・東北８道県相互応援に関する協定と支援県

被災道県名	第１順位	第２順位	第３順位
北海道	青森県	岩手県	秋田県
青森県	北海道	秋田県	岩手県
岩手県	秋田県	北海道	青森県
宮城県	山形県	福島県	北海道
秋田県	岩手県	青森県	新潟県
山形県	宮城県	新潟県	福島県
福島県	新潟県	宮城県	山形県
新潟県	福島県	山形県	宮城県

宮城県に最初に到着したのは隣の山形県でした。全国知事会は、災害に備え、地域別に都道府県間で相互に支援する仕組みとして地域ブロックごとの協定（ブロック協定）を締結していました。北海道・東北地方においては、「大規模災害時の北海道・東北８道県相互応援に関する協定」（２００７年11月８日締結）が締結されていました。[*3] ブロック協定では、被災県ごとに、応援する第１順位〜第３順位の県（応援県）とその役割が定められていました（表３・１）。

同協定における応援道県の役割は以下の３点でした。

①　被災道県の被災状況の情報の収集および提供
②　被災道県が必要とする応援の種類などの集約及び応援道県との連絡調整
③　上記①②に定めるもののほかに必要な事項

当時、ここまで詳細に応援県の役割を定めているブロック協定は全国でも珍しいものでした。この背景には、東北・北海道ブロックは、新潟県中越地震、宮城内陸地震などの地震災害を経験しており、業務の具体的なイメージがあったことが推察されます。

山形県は、宮城県が被災した時の応援第1順位の県（以下「応援主管県」）でした。さらに、宮城県と山形県は「防災上の連携・協力に関する協定」（２００６年12月26日締結）を締結しており、合同訓練も毎年行われており、防災担当職員も互いに顔見知りでした。

東日本大震災では、地震発生の情報を受け、山形県は即座に宮城県への職員派遣を決定しました。職員2名が3月11日19時に宮城県庁に到着し、災害対応の支援にあたりました。3月17日には、山形県庁に広域支援対策本部を設置し、宮城県の後方支援体制を整備しました。支援内容は、宮城県に対する全国からの応援物資の受入れ、宮城県庁内での全国からの応援県の連絡調整、宮城県では対応が難しかった遺体の埋火葬や瓦礫処理など、多岐にわたりました。山形県は、当初はブロック協定を締結している道県内での支援調整業務を担当することを想定していました。ところが実際には、全国の都道府県から宮城県に対する支援の調整を行わなければならず、業務は膨大であり対応が厳しかったものの、東北・北海道ブロックの構成県が複数被災していたことから他県への支援を求めるわけにもいきませんでした。

宮城県には全国の都県からの連絡調整を担当する職員（リエゾン）が相次いで派遣されました。最終的に16都県から約50名の職員が派遣され、宮城県災害対策本部事務局にて連絡調整に携わりました（表3・2）。宮城県は、２００８年の岩手・宮城内陸地震において、全国からの応援を受け入れた経験があったことから、災害時に他県からの応援協力があることは予め想定していました。そのため、災害

表3・2　宮城県への職員派遣状況[*4]（出典：宮城県資料[(2)]より著者作成）

応援県名	派遣開始日	派遣終了日	連絡員数
山形県	3月11日	4月28日	2
新潟県	3月12日	5月12日	2
福井県	3月12日	5月13日	2
鳥取県	3月13日	9月30日	2
兵庫県	3月14日	9月30日	3
徳島県	3月15日	9月30日	4
宮崎県	3月22日	3月31日	−
東京都	3月22日	継続中	2
三重県	3月22日	9月30日	2
愛媛県	3月25日	9月30日	2
奈良県	3月27日	3月30日	2
熊本県	3月27日	9月12日	1
群馬県	3月30日	8月26日	2
岡山県	4月 1日	9月 2日	2
神奈川県	4月 8日	継続中	2
愛知県	4月21日	9月30日	3

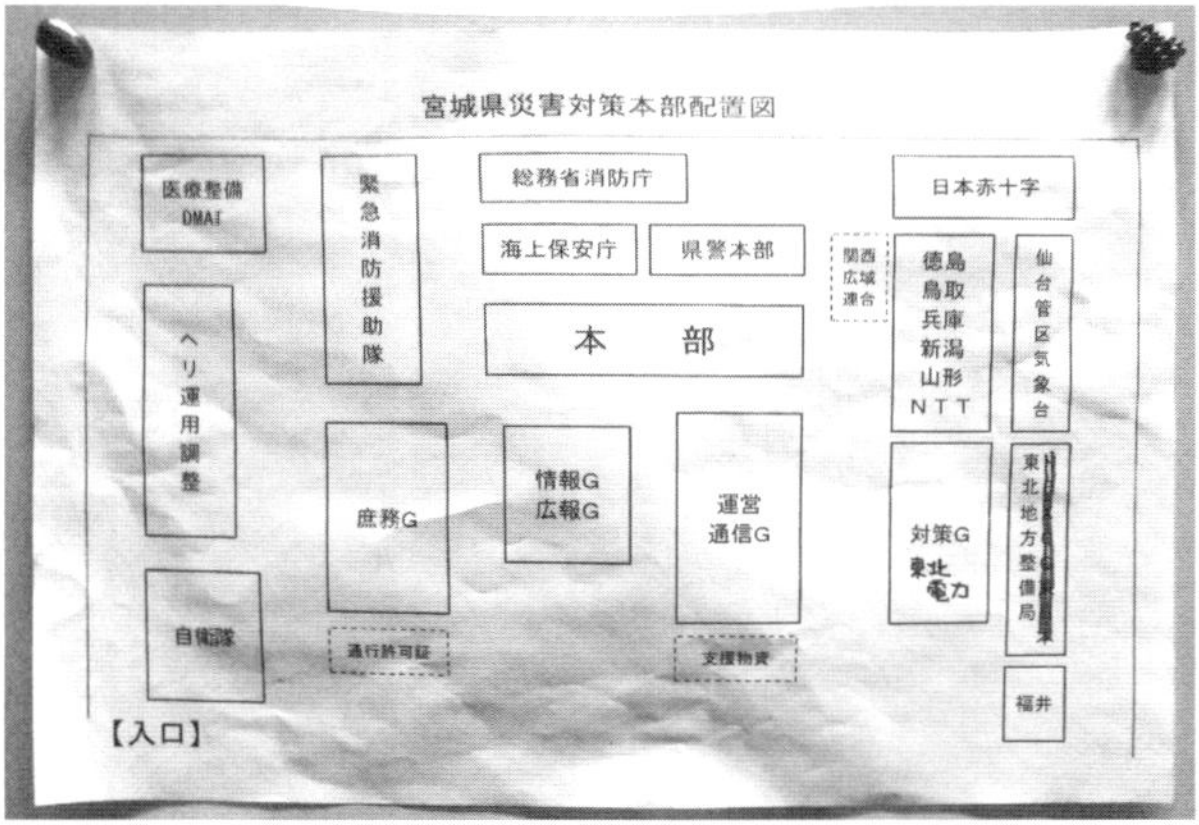

写真3・1　宮城県本庁舎講堂に貼られた応援受入配置図

対策本部事務局を県庁2階の講堂に設置した際に、応援職員の活動スペースも確保していました（写真3・1）。しかしながら、事前の想定をはるかに上回る数の応援職員が派遣されたことにより、応援職員への対応に追われることになりました。

宮城県は、応援職員の受け入れに際しては、活動が滞りなく行われるよう以下の取り組みを行いました。

第一に、応援職員の執務環境の整備です。災害発生直後は、災害対策本部事務局が設置された講堂内に活動スペースが確保されました。その後、応援職員の数が増えたことから、3月下旬には講堂ステージ上に、5月12日には講堂が耐震補修のために閉鎖されたことから、県庁18階の会議室に活動スペースは移設されました。活動スペースには、FAX、コピー機、通信回線などが設置されました。

第二に、調整会議の開催です。3月23日には山形県の提案により、応援職員と宮城県との間で連絡調整会議を開催することが決められました。会議は毎日開催されました。

第三に、応援職員との連絡調整のための連絡員の配置です。防災危機管理課の職員1名が連絡調整担当として配置されました。

ところが、対応が難しい課題もありました。なかでも対応が難しかったのが、どの被災市町が、どのような支援を求めているのかという支援ニーズの把握と、それらの情報を応援職員に提供することでした。応援職員は宮城県に、市町からの支援ニーズに関する情報提供を求めましたが、宮城県は情報をなかなか提供できなかったのです。その要因としては、以下の3点が挙げられます。

第一に、電話が通じず情報把握が困難だった点です。前述の通り市町の被害は大きく、市町と連絡を取ることは容易ではありませんでした。

第二に、庁内外からの問い合わせ対応に忙殺され、被災市町の情報把握のために職員を派遣する余裕がなかった点です。当時は沿岸部の石油コンビナートが津波による被害を受けたことにより燃料調達が難しく、被災地に行く車両に給油するのにも数時間を要する状況でした。

第三に、県と市町が所管する災害対応業務が異なっていることから、情報集約が困難な事項があった点です。なかでも、避難所の設置・運営、被災者への食料や物資の提供、戸籍・住民票の登録や、罹災証明書の発給などの被災者支援に関する業務は、市町村が主として対応する業務として位置付けられているために、県にこれら業務の進捗状況を一元的に把握する体制はなく、支援体制も検討されていませんでした。

なお、被災市町への支援については、即興で体制が整備されていきました。例えば、避難所については、当初は災害対策本部事務局の「災害対策グループ」が関連する業務を統括していましたが、4月1日に「避難所支援グループ」が設置されました。被災市町の行政事務支援については、4月6日に職員4～5人から構成される職員の派遣チーム20チームが編成され派遣が行われました。被災市町への支援については、継続的な人的支援が必要であり、宮城県は、3月22日、29日に全国知事会に対し、また、

3月29日、4月4日に総務省（全国市長会、全国町村会）に対し、職員の応援を要請しました。

（3）応援の実態把握をめぐる課題

応援職員の派遣が増えるに伴い、応援職員の派遣が特定の市町に集中しているのではないかという支援の偏り、モレやムラが懸念されるようになりました。宮城県災害対策本部事務局には、被災市町から「隣の市町には支援が行われているものの自分の市町に支援が来ないのはなぜか」「どの程度の支援があるのか知りたい」という、支援実態に関する問い合わせが相次ぎました。しかし、応援職員の人的支援の情報を集約する部局はなく、対応は困難でした。

当時私は人と防災未来センターの研究員であり、3月30日に宮城県の災害対応を支援するために災害対策本部に行きました。全国から多数の応援職員がいる一方、県域で何人の職員が派遣されており、どこで何をしているのかという実態はほとんど把握されていない状況でした[3]。そのため、宮城県災害対策本部事務局とともに、実態を把握するために、県の各部局や総務省に応援職員の受入状況に関するヒアリングを行いました。その結果、応援要請については様々な部局が、例えば、全国知事会に対しては人事課が、市町への応援については市町村課が、国の各省庁の調整に基づく応援については各技術課が要請していることがわかりました。その一方、応援職員の受入に関する情報を取りまとめている部局はありませんでした。災害対策本部事務局は人事課が、人事課は総務省が情報を集約しているのではと考えていましたが、実際はどこも集約していませんでした。総務省は全国知事会・全国市長会・全国町村会などに応援要請を取り次いでいたこともあり要請の実態は把握していましたが、要請を受けて何名の職員が派遣されているのかはホームページの情報を集約することで精一杯という状況でした。また、応援職員の情報集約に用いられる様式や情報源も部局ごとに異なっていました。

そこで災害対策本部事務局では、危機管理監が中心となり、県の関係部局、総務省、そして応援職員と情報集約のための対処方針会議を行いました。災害対応に追われているなか、応援実態を把握するには限界があることから、詳細な応援情報については災害対応が一段落した段階で、総務省が派遣元である全国の市町村に対し一斉調査を行うことになりました。6月1日以降は、自治法に基づく職員の派遣が開始することから、派遣職員の情報は人事課が集約することになりました。そして、その間の経過措置として、災害対策本部事務局が、人と防災未来センターとともに、応援県を通して応援情報を集約することになりました。

(4) 3Wによる応援情報の集約

応援職員の情報を集約するにあたり、どのような様式を用いて、どのように情報収集を行うのかが検討されました。過去に応援情報の把握が行われた災害としては、新潟県中越地震や新潟県中越沖地震がありました。[(4)] これらの地震では、どのような業務に対し、どの程度の応援が行われたのかについての情報が集約されていました。その一方で、「どこに」応援が提供されていたのかまでの情報把握は行われていませんでした。これは、新潟県中越沖地震が東日本大震災のように広域災害ではなく、地理的な広がりを考慮した情報把握が求められなかったためです。そこで、参考にしたのが、国際連合人道問題調整事務所（ＯＣＨＡ）が災害時に支援団体の活動情報を把握するために用いている３Ｗという考え方です。[*5] ３Ｗとは、「誰が（Who）」「どこで（Where）」「何をしている（What）」という情報を把握するものです。「何を」については、新潟県中越沖地震時の業務内容を参考に、災害応急対策業務のなかから対応が求められる業務「総合調整」「避難所」「医療・看護」「社会福祉」「住家被害調査・罹災証明」「仮設住宅・まちづくり」「インフラ復旧」「教育対策」「ボランティア」「産業支援」「防災」「その他」の項目を設定しました。そして、県内全ての市町村で、応援職員が何をしているのかを把握するための「宮城県に対する支援状況（人的支援）」という３Ｗシートを作成しました（図３・１）。災害対策本部に派遣されている応援県のリエゾンの協力を得て、宮城県災害対策本部による応援情報の把握は、４月３日から9月30日まで行われました。

この間の、業務別の応援状況を図３・２に示します。[3] ４月初旬までは避難所支援、医療看護支援が中心となっていました。その後、罹災証明の発行、仮設住宅入居者受付などの行政事務支援が増えました。「行政事務支援」という項目は当初は設定されていなかったものの、応援職員の意見を受けて項目が設定されたもので、６月以降は応援業務中心となっていきました。

宮城県における支援状況（人的支援）

2011年　　月　　日

都道府県名：

＊それぞれの市町村に派遣している人の人数を記入して下さい（県が調整して派遣している人の数）
（中・長期の派遣がある場合は、数字の下に（　）にて記載して下さい）

市町名	総合調整（県庁・市役所・町役場）	行政支援（税金・年金・義援金・罹災証明・住民票手続き）	避難所運営支援（運営・物資調整・炊き出し）	仮設住宅入居者支援	医療・看護・福祉（医師・看護師・保健士）	社旗福祉（障害者・高齢者支援）	被害調査・認定（家屋被害）	仮設住宅建設・まちづくり（都市計画）	インフラ復旧・土木・瓦礫・廃棄物処理・衛生	教育対策	ボランティア調整	産業支援	防災	その他

＊毎週水曜日朝9時に人と防災未来センターまで提出をおねがいします

図３•１　宮城県に対する人的支援情報把握シート（出典：人と防災未来センター）

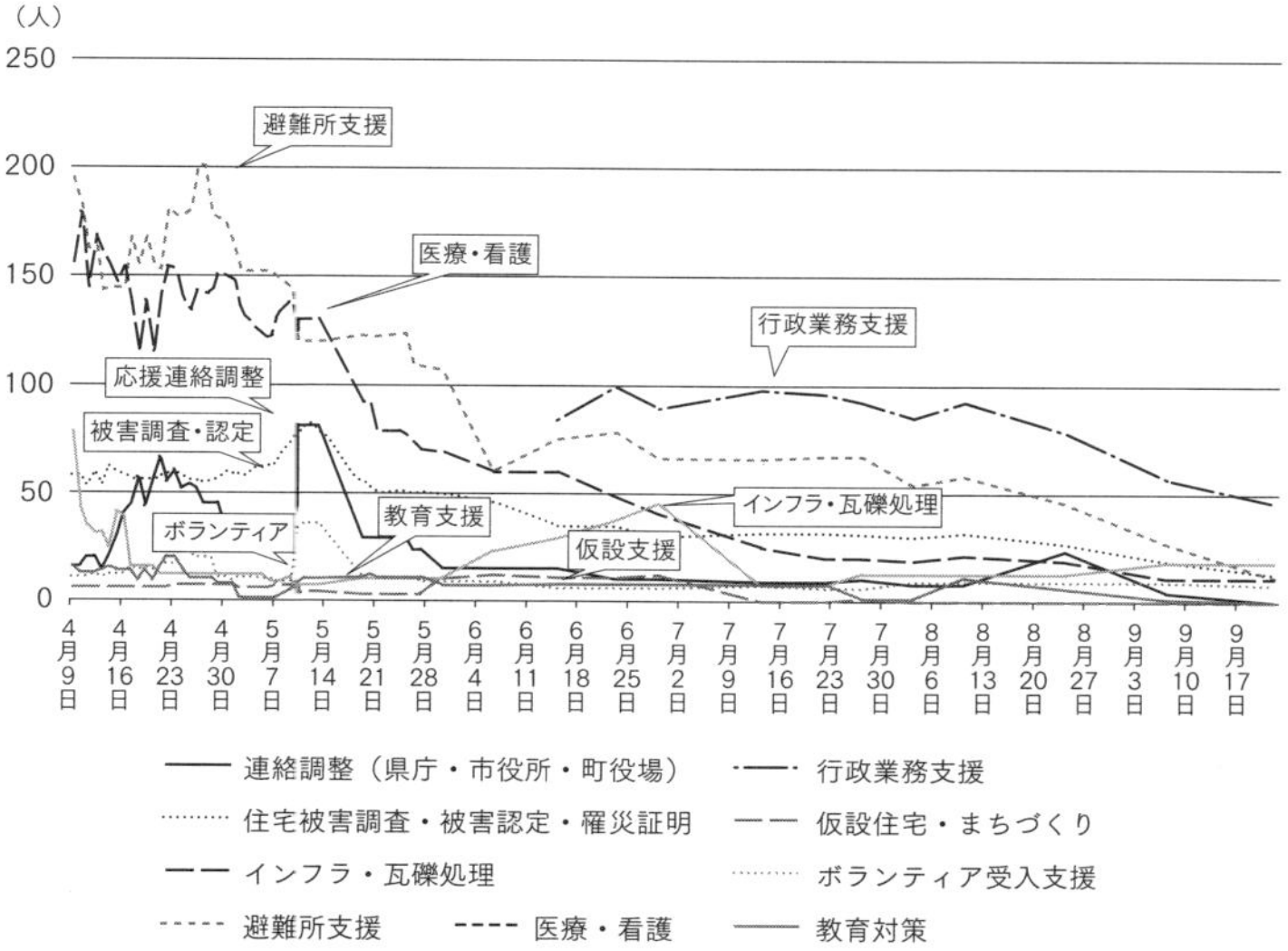

図３•２　宮城県に対する応援業務の変遷

図3・3　職員の応援派遣が求められる業務

表3・3　宮城県に対する応援の変遷

市町	応援職員数（名）					
	4月10日	5月10日	6月15日	7月13日	8月10日	9月7日
仙台市	91	25	4	0	8	8
石巻市	150	168	85	81	89	39
塩釜市	12	10	8	8	8	0
岩沼市	8	32	0	1	1	1
気仙沼市	84	60	49	42	33	30
名取市	3	2	0	1	1	1
多賀城市	0	46	27	22	5	0
東松島市	15	20	20	20	19	19
女川町	36	29	20	17	11	9
山元町	14	12	2	8	14	7
七ヶ浜町	0	0	0	0	0	0
亘理町	6	6	0	0	0	0
南三陸町	71	63	52	42	38	17
大河原町	6	0	0	0	0	0
栗原市	7	0	0	0	0	0
県内全域	13	20	69	5	0	0
宮城県	37	31	38	28	25	9
小計	553	524	374	275	252	140

このデータをベースに応援職員による対応が求められた業務内容を大きく整理すると、図３・３のようになります。災害発生直後は、行方不明者の捜索・救助や医療支援などの被災者の命に関わる業務や、避難所対応業務などへの支援が求められましたが、時間の経過とともに徐々に業務内容は行政事務の支援や、被災地の復旧支援業務へとシフトしていきました。

応援情報の集約を行ったことにより、市町ごとの応援実態も明らかになっていきました（表３・３）。全体的な推移をみると、災害から１～２か月が経過した４月、５月は５００名を超す応援職員が派遣されていました。５月12日の５９８名をピークに減少し、６月には３００名前後、７月には２００名前後となりました。また、宮城県に対する応援よりも、被災市町への応援が多くみられました、地域別にみると、被害が大きかった石巻市、気仙沼市、南三陸町に対する応援が多くありました。逆に当初から応援が求められたにもかかわらず十分ではなかったのが、岩沼市、多賀城市です。これらの情報を共有し、対応方針を検討したことにより、応援職員の派遣調整はスムーズに行われるようになっていきました。

（５）被災県における受援の要件

このように、東日本大震災では、宮城県に対して全国から大規模な応援協力が行われ、事前に定められていた北海道・東北ブロック協定に基づき、応援主管県（山形県）の調整により応援の受入れ（受援）

への支度が行われました。支援がスムーズに行われたのは、ブロック協定において応援主管県の役割が定められていたことや、宮城県と山形県とは平常時より交流があり、職員も顔見知りであり、信頼して業務を任せることができていました。

その一方で、受援に伴う業務調整の範囲や、被災市町村の支援ニーズの把握方法、応援職員の情報の取りまとめなどの業務のなかには、事前には想定していなかった課題もありました。応援主管県の担う業務調整の範囲が全国知事会のブロック協定内なのか、それとも全国の都道府県を対象とするのかは明確ではありませんでした。山形県は、当初はブロック内での調整を想定していたものの、実際には全国都道府県からの支援に対応しなければなりませんでした。また、3月14日には福島第一原子力発電所の事故により、多数の被災者が福島県から山形県に広域避難し、その対応に追われました。とはいえ、ブロック協定で山形県をサポートする第2順位県として位置付けられていたのは福島県であり、災害対応に追われる福島県に支援を依頼することはできませんでした。このように、ブロック協定を構成する複数県が被災するケースは、当時は想定されていませんでした。

その後、全国知事会は災害対応体制の見直しを行い、現在では被災県における災害対応を支援する県として「カバー（支援）県」を設置することになっています。[5] 総務省は、全国規模での応援職員の確保・派遣を行うための制度として、２０１９年より応援対策職員派遣制度を構築しており当時に比べると現在は体制が強化されています。

東日本大震災のように県内の複数の市町村が被害を受ける状況においては、広域行政を担う県の役割が大きくなります。とはいえ、県も関連部局が被災しその対応に追われるために、県だけで市町村の支援を行うことも困難です。新潟県中越沖地震でも、東日本大震災でも応援職員や研究者による情報集約支援が行われたように、多様な組織との連携は有効です。また、宮城県が東日本大震災で外部からの支援を得て、受援体制を構築できたのは、災害対策本部長の参謀である危機管理監の迅速な判断と、これまでの災害対応の知見があったからです。応援情報の集約のために宮城県で用いた３Ｗシートは、災害対応の過程で急遽作成されたとはいえ、応援職員の派遣実態を把握するとともに、支援の重複・偏在を防ぐ役割を果たしました。大災害時に受援は不可欠です。平常時から情報集約体制を含む受援体制を検討する必要があります。

3 自治体の自主的な連携による支援

前述の宮城県の事例の他にも、東日本大震災では複数の都道府県や市町村が即興で連携体制を構築し、被害が大きい県や市町村を支援する取り組みがありました。本節では、そのような自治体間の連携による支援の事例として、都道府県については関西広域連合による「カウンターパート方式」による支援を、また市町村については杉並区による「自治体スクラム支援」を取り上げ、その特徴をみてみます。

（1）カウンターパート方式による支援

東日本大震災において行われた都道府県連携による支援の一つに、関西広域連合によるカウンターパート方式の支援があります。関西広域連合は、府県域を超えた行政課題に対応するために２０１０年12月に設置された広域行政機構であり、滋賀県・京都府・大阪府・兵庫県・奈良県・和歌山県・鳥取県・徳島県から構成されています。東日本大震災は、関西広域連合が設置された直後に起こった災害であり、関西広域連合として被害が大きかった岩手県、宮城県、福島県への支援が行われました。

支援に際しては、岩手県は大阪府・和歌山県が、宮城県は兵庫県・徳島県・鳥取県が、福島県は京都府・滋賀県がというように、県ごと関西広域連合構成県を応援の相手（カウンターパート）として定めて支援が行われました。このような応援の相手を特定した支援は、「対口支援」や「ペアリング支援」ともいわれます。

カウンターパートによる支援体制は、事前に定められていたわけではありません。東日本大震災発生直後は、大阪府は岩手県に、兵庫県・鳥取県は宮城県に、京都府は福島県に職員を派遣していました。3月13日に、関西広域連合の委員会が開催され、そこでカウンターパート方式により支援を行うことが決定されました。すでに支援を行っている県はそのまま支援を継続し、新たに支援を行う県は、関西広域連合の割り振りに応じ支援が行われることになりました。まさに、即興で決められた体制でしたが各府県の知事が集まっていたことから決断はスムーズでした。

関西広域連合は、当初は被災３県の災害対策本部に連絡調整員として職員を派遣し、現場のニーズを把握し、職員や物資を支援するための調整を行っていました。しかし、県府に職員を派遣しても被災市町の情報把握が難しかったことから、沿岸部の市町にも現地支援本部を設置していきました。*6 宮城県については３月22日に石巻市、南三陸町、気仙沼市に、岩手県については５月19日に遠野市に、11月１日に釜石市に、福島県については６月末に会津若松市に、それぞれ現地支援本部を設置しました。被災地に本部を設置したことにより、被災市町村に寄り添って対応できるようになりました。

関西広域連合として府県が連携して支援を行ったことは、以下の点において有効でした。

第一に、支援受け入れ側の業務負担が軽減された点です。複数の都道府県から応援が提供されると、受け入れ側は、各都道府県に個別に事務調整や情報提供を行わなければなりません。また、応援職員の多くは５日～７日程度の短期派遣ですので、メンバーが交代するたびに状況を説明しなければなりません。この点、関西広域連合に窓口が一本化されたことにより、応援自治体個別に対応する必要がなくなりました。

第二に、応援職員間で業務引き継ぎが行われ、ラインとして支援が継続された点です。岩手県を支援していた和歌山県は、２０１１年９月に発生した台風12号で被害を受けて自県の災害対応のために応援職員6名の派遣中止を迫られました。*7 そこで、和歌山県に代わり、大阪府・兵庫県・京都府が職員を派遣することになり、それにより支援が継続されました。単独の自治体だけでは、継続して応援協力を行うことが難しいケースもあります。複数の自治体が連携して一つのラインとして支援を継続できるな点は連携による支援の強みです。

（2）自治体スクラム支援

複数の市町村が自主的に連携して支援が行われた事例が、東京都杉並区による「自治体スクラム支援」です。杉並区は福島県南相馬市と相互応援協定を締結していました。その支援のネットワークを杉並区が相互応援協定を締結していた他の市町村に拡大して支援が行われました。

福島県南相馬市は、地震・津波により甚大な被害を受けました。さらに福島第一原子力発電所の事故のために、3月12日に発電所から20キロ圏内に居住する住民に避難指示が出され、30キロ圏内への立ち入りも制限され、応援協力が得られない孤立した状態に置かれました。杉並区は、南相馬市長との電話会談に基づき支援の実施を決め、3月16日に災害救援物資の提供を開始しました。その後、南相馬市が住民を集団避難させることになり、杉並区は避難住民を受け入れる体制を整えました。避難住民の受入れに対する協力を、杉並区は相互応援協定を締結していた群馬県東吾妻町、新潟県小千谷市に求めました。そこに北海道名寄市も加わり、4月8日に、杉並区、東吾妻町、小千谷市、名寄市から構成される

「自治体スクラム支援会議」が設置されました。支援にかかわった自治体は比較的小規模な自治体であり、なかには被災地支援を行いたいと考えていたものの被災市町村とのネットワークを持っていないところもありました。また、単独で継続して支援を行うことは人的・財政的にも難しいところもありました。その点、スクラム支援では、職員を派遣できるところは職員を派遣する、避難住民を受入れられるところは受け入れるというように、それぞれが対応できる資源を持ちより支援が展開されました。このような資源調整ができる点も連携の強みです。

（3）自主的な連携による支援の特徴と課題

このように、東日本大震災では複数の自治体が即興で自主的に連携した支援が行われました。自治体が連携することの有効性を整理すると以下の通りです。

第一に、特定の自治体が応援側の調整機能を担うことにより、応援情報に関する窓口が一本化され、応援受入れに伴う業務負担が軽減されます。

第二に、ラインとして支援を継続することが可能になります。中長期間、職員を派遣できればよいのですが、どこの自治体も職員は減っている状態です。短期の職員派遣を継続するにも単独の自治体では厳しいこともあります。連携することにより派遣を継続できます。

第三に、支援資源の調整ができます。自治体のなかには、規模が大きく多様な人材の派遣や物資の提供が可能なところもあれば、人員や予算の制約もあり継続した支援を行うことが難しいところもあります。連携により、互いの資源の良いところを活かし、足りないところを補完し、より効果的な支援を実施することができます。

その一方で、課題としては、応援に伴う業務負担や費用負担があげられます。災害対応は突発的なものであり、予算の見通しがない状況において中長期間応援協力を行うことは、小規模自治体にとっては人的・予算的な負担が大きくなります。被災地からの要請に基づく支援については、災害救助法を適用して費用が支払われることもありますが、応援職員の派遣はあくまで支援側の自主判断に基づくため、応援側が費用を負担しているケースもあります。災害対策基本法において、災害時の職員の応援の必要性が記載されていることもあり、応援に伴う財源確保は検討が必要な課題です。

4 被災地支援のためのロジスティクス

(1) 後方支援拠点整備計画

東日本大震災では、被害が大きい市町村ほど、外部の自治体からの応援協力が必要でした。とはい

図3・4　岩手県遠野市（出典：国土地理院地図）

え、建物が倒壊し、ライフラインが寸断されている状況で、支援に訪れる人の宿泊施設や食料などの「ロジスティクス」を被災地で確保することは困難でした。ロジスティクスは、軍隊の戦闘活動を後方で支える物資移動、保管など（兵站）から派生した言葉ですが、ここでは「災害支援に関わる人が活動を展開するうえで必要となる宿泊先・物資・食料・交通手段の確保」と位置付けます。

支援におけるロジスティクスの必要性を示したのが岩手県遠野市の事例です。遠野市は、岩手県の中央で、太平洋沿岸と内陸を結ぶ交通の結節点に位置しています。盛岡市から50キロ、半径50キロ圏内には、太平洋沿岸の宮古市、山田町、大槌町、釜石市、大船渡市、陸前高田市が位置しており、沿岸部の市町には、ヘリコプターを利用すれば約15分で、陸路でも1時間以内に到達が可能です（図3・4）。このような地理特性を災害対応に活かしたのが遠野市の本田敏秋市長でした。

本田市長は、阪神・淡路大震災が起きた時は、岩手県消防防災課長でした。[*8] 阪神・淡路大震災の経験を踏まえて、岩手県の地域防災計画を見直しました。岩手県で懸念された災害は三陸沖を震源とする地震津波です。三陸沖を震源とする地震津波が起きた場合、県庁がある盛岡市から沿岸部に支援に駆けつけたとしても、一番近い宮古市までは90㎞あり、車で1時間以上かかります。そのため、沿岸部と内陸部の間に支援の拠点を設置する方が効率的な支援が展開できる、と考えました。

本田市長は、2002年に岩手県を退職し、出身地であった遠野市長になりました。遠野市は地盤が良く、太平洋沿岸地域へのアクセスも良く、支援拠点として望ましい地勢条件にあることから、被災地への応援を遠野市で受け入れ、遠野市を拠点に支援を展開するという「地震・津波災害における後方支援拠点施設整備構想」を2007年に策定しました。[*9] 後方支援拠点施設整備構想の実現に向け協議会も設置されました。協議会の会長は遠野市長、副会長は釜石市長、会員は沿岸部の市町長でした。机上で対策を検討するだけでなく、実際に遠野に後方支援拠点を設置した岩手県総合防災訓練を2007年に実施し、2008年には自衛隊の東北方面隊震災対処訓練を行いました。2009年2月のチリ地震津波に際しては、実際に津波に備え関係機関が遠野市に集結し沿岸部支援の体制を整えていました。

（2）東日本大震災における後方支援

東日本大震災では、遠野市の本庁舎が全壊し、市内においても建物が倒壊するなどの被害が発生しました。とはいえ、沿岸部の被害は一層深刻であると想定されたことから、本田市長は地震発生から15分後の3月11日15時に、応援受入拠点として遠野運動公園を開放するように指示しました。その後、警察・消防・自衛隊などによる全国からの応援部隊が遠野市に集結しました。[6] 12日の深夜1時40分には、大槌町図書館の司書が、遠野市の災害対策本部に助けを求めて駆け込んできました。その人が撮影した写真から、被災地が深刻な被害を受けていること、また、大槌町から遠野市までの道路が通行できることが確認され、翌朝早朝から沿岸の被災地へ応援部隊が派遣され救助が行われました。

遠野市は、3月12日に被災地に食料などの支援物資の搬送を開始しました。[*10] 物資の搬送にあわせて遠野市の職員が、物資集積拠点、避難所、災害対策本部を訪れ、被災市町の支援ニーズなどの情報を確認し、それらの情報を遠野市災害対策本部会議に持ち帰り共有しました。被災地の応援ニーズを的確に把握して対応するために、「災害情報受付票」が作成され、応援ニーズとそれに対応できているのかという進捗管理が行われました。共有された情報に基づき対処方針が策定され、支援内容が検討されました。3月28日には「沿岸被災地後方支援室」という被災地支援専属の担当室が設置され、5人の職員が配置されました。

岩手県の応援に訪れた自治体のなかには、災害発生直後は岩手県庁（盛岡市）を拠点に情報収集や応援協力に取り組んでいたところもありましたが、静岡県は3月26日に、関西広域連合は5月9日に、東京都は5月16日にと徐々に支援拠点を遠野に移しました。遠野市には、自治体だけでなく、研究機関、企業、ボランティアなど、延べ266団体が活動拠点を置き支援が展開されました。

以上に述べた遠野市の事例は、第一に、災害応援協力におけるロジスティクスの重要性を示しています。大規模災害が起こると、被災地では建物やライフラインも被害を受けることから、支援者の宿泊施設・食料・燃料を確保することは難しく、そうすると長期的な支援体制を組むのは困難になります。県域の応援調整というと、県庁があるところを中心と考えがちですが、それよりも被災地へのアクセスが良く、かつロジスティクスの確保が可能なところに支援拠点を置く方が、効率的で持続的な支援の展開につながります。

第二に、災害対応における情報集約・共有の重要性です。遠野市は、被災地支援に対応するための専属の部署を設置し、職員を配置していました。情報は、応援機関とも共有され、それに基づき対処方針が策定されました。

このような状況判断が行われた背景には、県域を鳥瞰して沿岸部の支援体制を検討する視点を持ち、さらに、隣接する市町村に支援を行うことは自らの市にも意義が高いと捉えた本田市長のリーダーシップがありました。周辺自治体や災害に対応する組織との事前のネットワークづくりや訓練を通した実践を行っていたからこそ、即興で対応することができました。

5 大規模広域災害時の受援体制構築に向けて

本章では、自治体間の職員の応援協力に着目し、東日本大震災における応援協力の取り組みを概観しました。前章に述べたように、大規模災害においては市町村もまた被災し、膨大な災害対応業務を抱えることから、災害対応において不足するマンパワーを補完するためにも、職員の応援協力は必須です。その一方で、事前に相互応援協定を締結しておくだけでは、対応が難しいことがおわかりいただけたのではないでしょうか。事前に検討されていない場合はその場のその場で支援ニーズを把握し、それに基づき対応を即興で判断しなければなりません。

その参考となるよう最後に、東日本大震災の事例を踏まえた今後の改善点を提案します。

第一に、広域行政機関としての都道府県の役割を強化し、市町村の災害対応業務を支援できる体制をつくることです。災害対策基本法は、都道府県の責務として、「その区域内の市町村及び指定地方公共機関が処理する防災に関する事務又は業務の実施を助け、かつ、その総合調整を行う責務を有する」（第4条）ことを定めています。それにもかかわらず東日本大震災発災直後の宮城県には、市町村が所管する被災者支援業務（避難所運営、瓦礫除去、罹災証明の発行など）や市町村の行政事務の進捗状況を県で把握し、それを支援する体制はありませんでした。また、東日本大震災のような複数の市町村が被災する大規模広域災害では、市町村の支援ニーズを把握し、情報集約を行うことも都道府県に求められます。同様の問題は、２０２４年の能登半島地震でもみられ、今もなお解決に至っていないところがあります。

このような市町村の支援ニーズ把握のために専門のチームを設置しているところもあります。兵庫県では、２００４年の台風23号で丹波市や豊岡市が浸水・土砂災害による被害を受けました。当時、兵庫県では災害時の応援要請は、文書・ＦＡＸに加え、災害対応総合情報ネットワークシステム（フェニックス防災システム）への入力により行うことになっていました。しかしながら、防災担当者は現場対応に追われ、これらのシステムに入力する時間はありませんでした。兵庫県ではこの経験を踏まえ、被災市町からの要請を待つのではなく、情報を把握するための専門チームとして「ひょうご災害救援支援チーム」を２０１０年に設置しました。同様の取り組みは、２０１１年9月の台風12号で大きな被害を受けた奈良県でもみられます。奈良県は台風後、災害時に市町村を支援する「災害緊急連絡員」を設置しました。

第二に、全国域で被災市町村からの応援ニーズ情報を把握・共有する仕組みづくりです。前述の自治体スクラム支援の事例もそうですが、災害時に被災市町村支援を行いたいという思いはあるものの、支援先とのネットワークがない自治体もあります。同様に、被災自治体のなかには、応援協力を必要としているものの要請先がわからないというケースもあります。どこの市町村がどのような支援を求めているのか、市町村からの応援要請ニーズを一元的に把握し、全ての自治体が支援調整を行うことができるポータルサイトがあると有効です。

第三に、支援に携わる側も、支援体制を整備しておく必要があります。本章では、遠野市の事例から支援側のロジスティクスの重要性を指摘しましたが、これ以外にも、支援側で支援可能な人的・物的資源情報をリスト化し提示することや、過去の災害対応から得られる行政事務に関する知見を取りまとめ提示することも有効です。また、被災地支援は非日常的な環境で行われることからストレスも大きく、支援者に対する心理的なケアについてもあわせて検討する必要があります。

以上に述べた取り組みは、いずれも「即興」による対応が求められる事項です。計画・マニュアルを策定するだけでは十分ではなく、突発的な状況でも対応できるよう、トップの補佐ができる参謀となる人材の育成を行うとともに、訓練などを通して実効性を保つようにしなければなりません。宮城県に対する支援を行った山形県、沿岸被災市町への支援を行った遠野市は、いずれも事前に繰り返し訓練を行っており、災害対応の具体的なイメージを持っていました。このような平常時からの取り組みがあってこそ即興は機能します。

補注

＊1　災害対策基本法では、自治体による職員の「派遣」については第29条～33条に、市町村間の「応援」については第67条に、都道府県間の「応援」については第68条に、都道府県間の相互応援については第74条に定めています。

＊2　本章の記述は、宮城県の検証報告[2]に加え、当時の著者の所属先であった人と防災未来センターが3月14日～6月30日まで宮城県の災害対策本部事務局において、収集した情報によるものです。各県による職員応援情報の集約作業の支援は、4月3日から応援が終了する9月30日まで継続して行われました。

＊3　大規模災害時の北海道・東北8道県相互応援に関する協定実施細目第3条2号

＊4　派遣期間については、宮城県の検証報告[2]による。連絡員数は2011年5月6日時点で宮城県災害対策本部に配置されていた連絡員の数を示しています。

＊5　3Wについては、OCHAを参照。OCHA, Global Humanitarian Operational Presence, https://3w. unocha. org（2022年1月アクセス）

＊6　関西広域連合防災局への聞き取りによる（2012年2月6日実施）。

＊7　「東日本大震災における関西広域連合の活動を振り返る―和歌山県―」、第12回比較防災学ワークショップ平成23年度第4回災害対応研究会公開シンポジウム「東日本大震災における関西広域連合の活動を検証する」（2012年1月20日開催）による。和歌山県は台風12号の発生を受けて宮古市・大船渡市・遠野市に派遣していた職員の派遣を中止し、代わりに大阪府から3名、兵庫県から2名、京都府から1名の職員が派遣されました。

＊8　本田敏秋遠野市長への聞き取りによる（2012年3月21日実施）。

＊9　遠野市は、三陸地域地震災害後方支援拠点施設整備推進協議会を平成19年11月に沿岸部の9市町村とともに立ち上げ、それに基づく拠点整備の提案を岩手県と国に対し提案していました。ただし、同計画に対する承認は県から得られませんでした。

＊10　遠野市沿岸被災地後方支援室職員への聞き取りによる（２０１２年3月21日実施）。

参考文献

（1）防災行政研究会編集『逐条解説災害対策基本法〔第三次改訂版〕』ぎょうせい、２０１６
（2）宮城県『東日本大震災―宮城県の６ヶ月間の災害対応とその検証』宮城県、２０１２
（3）阪本真由美、矢守克也「広域災害における自治体間の応援調整に関する研究―東日本大震災の経験より」『地域安全学会論文集』No.18, pp.391－400、２０１２
（4）王蕾、林春男、木村玲欧、田村圭子、危機発生時の効果的な資源管理のあり方への提言―２００７年新潟県中越沖地震災害における県災害対策本部の資源管理業務の参与観察に基づいて」『地域安全学会論文集』No.10, pp.543－552、２００８
（5）全国知事会東日本大震災復興協力本部「都道府県相互の広域応援体制におけるカバー（支援）県の主な役割・活動モデル（平成25年3月）」
（6）遠野市『2011.03.11東日本大震災遠野市沿岸被災地後方支援50日の記録―「縁」が結ぶ復興への「絆」』遠野市、２０１２

第4章

避難所運営

災害関連死を防ぐ

1 災害時の避難所運営をめぐる課題

市町村の災害時業務のなかでも対応が難しいのが避難所運営です。第2章で述べた熊本地震の益城町の事例のように、避難所対応だけを優先させると、他の業務への対応が遅れます。けれども、市民の大部分が被災する状況では、避難所の対応を迫られます。事前の想定をはるかに上回る人が避難すると、避難所が混雑して避難者が施設内に入れない、避難所で食料や物資が不足する、避難所の生活環境が良くないなどの問題が続出します。このような避難所対応をめぐる課題は、1995年の阪神・淡路大震災でも指摘されていました。それから約30年が経過しており、その間にも東日本大震災、熊本地震というような大規模災害を経験しているにもかかわらず、2024年の能登半島地震でも、この問題は深刻でした。なぜ問題が改善されないのでしょうか。これには、既存の計画には記載されていないが難しい問題があります。

そもそも、避難所とはどのような場所なのか、法的な位置づけからみてみましょう。災害対策基本法は避難所を、「避難のための立退きを行った居住者、滞在者その他の者（以下「居住者など」という）を避難のために必要な間滞在させ、又は自ら居住の場所を確保することが困難な被災した住民（以下「被

法第49条の7）。災害により、自宅で生活することが難しい人や、自宅から立ち退いた人を、一時的に滞在させるための施設が避難所です。

市町村は、避難所として利用する施設をあらかじめ指定しておかなければなりません。どのような施設を避難所として利用するのかについても、法律は定めています。災害対策基本法施行令（災害対策基本法施行令第20条の6）はその基準として、被災者を滞在させるために必要かつ適切な規模であること、生活関連物資を被災者などに配布することが可能な構造や設備であること、想定される災害による影響が比較的少ない場所にあること、車両などによる輸送が比較的容易な場所にあることなどを定めています。ここで定められている基準を満たす地域の公共施設というと、学校、体育館、公民館などしかありません。そのため、学校、体育館、公民館が災害時に避難所になります。

たしかに、体育館には多数の人が滞在できます。学校は耐震化されていますので、比較的地震に強い構造となっています。とはいえ、体育館は運動のための施設であり、長期間、人が生活することを想定して建てられているわけではありません。空間は広いけれども、床は板張りで硬く、空調設備はなく、冬は寒く、夏は暑く、トイレの数も少ないという課題があります。そのような場所に災害時に多くの人が寝泊まりするわけですから、当然、生活環境は良くありません。また、被害が大きな災害ほど避難者数が多くなるので、避難所は混雑し、物資も不足して生活環境は一層悪くなります。これらの問題を解決するには、限られたスペース・物資を避難している人の間でうまく共有し、生活できるよう工夫していく必要があります。しかしながら、法律が定めているのは市町村が避難所を指定する、というところまでです。指定された避難所を誰がどのように活用するのかまでは定めていません。

市町村の多くは、災害時に避難所を滞りなく開設できるよう職員の配備体制を決めています。避難所運営マニュアルを策定し、避難所開設訓練を行っているところもあります。ところが訓練をみていると、避難所に受付を設置し、避難してきた人の名簿リストを作成し、講話を行い、炊き出しを行い、解散する、という進行パターンに留まっています。長期化する避難生活において避難所の環境をどう改善するのか、被災者にどう接するのか、避難所で起こり得るトラブルにどう対応するのかまで検討している訓練はほとんどありません。

その結果、いざ災害が発生すると、避難所で発生するトラブルに対応できず、生活環境を改善させられないケースが見られます。その結果、地震津波などのハザードからは一命をとりとめたにもかかわらず、避難所生活において健康状況が悪化し、「災害関連死」に至る事例もみられます。避難所運営の仕方を変えなければ、災害による犠牲者を減らすことはできません。それでは、どのようにすれば避難所運営をスムーズに行うことができるのでしょうか。本章では、避難した人がどのように状況判断を行い行動するのかに着目して、避難所運営をうまく行うにはどのような取り組みが求められるのかを考えます。

2 避難者数と避難理由を把握する

避難所運営について考えるにあたっては、避難者がどう行動するのかという傾向を知り、それに応じた対策を検討する必要があります。図４・１は２０１６年の熊本地震が発生してから１か月間の熊本県の避難者数・避難所数の推移を示しています。４月14日に地震があり、翌15日時点の熊本県内の避難所数は３７５ヶ所、避難者数は７２６２人でした[1]。16日早朝に起きた地震により避難者数は一挙に増加しました。17日時点での避難所数は８５５ヶ所、避難者数は18万３８８２人でした[2]。その後徐々に減少していき、避難者数は、最初の地震からほぼ１週間が経過する４月21日までは約９万人前後で推移し、その後徐々に減少していきました。

実は、１９９５年の阪神・淡路大震災における兵庫県内の避難者数の推移も類似した傾向でした。避難者数のピークは地震から６日が経過した１月23日の約31万人であり、避難所数は１１５２ヶ所でした。その後徐々に避難者数・避難所数は減っていきました。避難者数が最も増えるのは、地震発生当日ではなく地震発生から３日後～１週間後であり、その後避難者数は減少します。

なぜ、避難している人は１週間程度で減少するのでしょうか。熊本地震後に熊本県が実施したアン

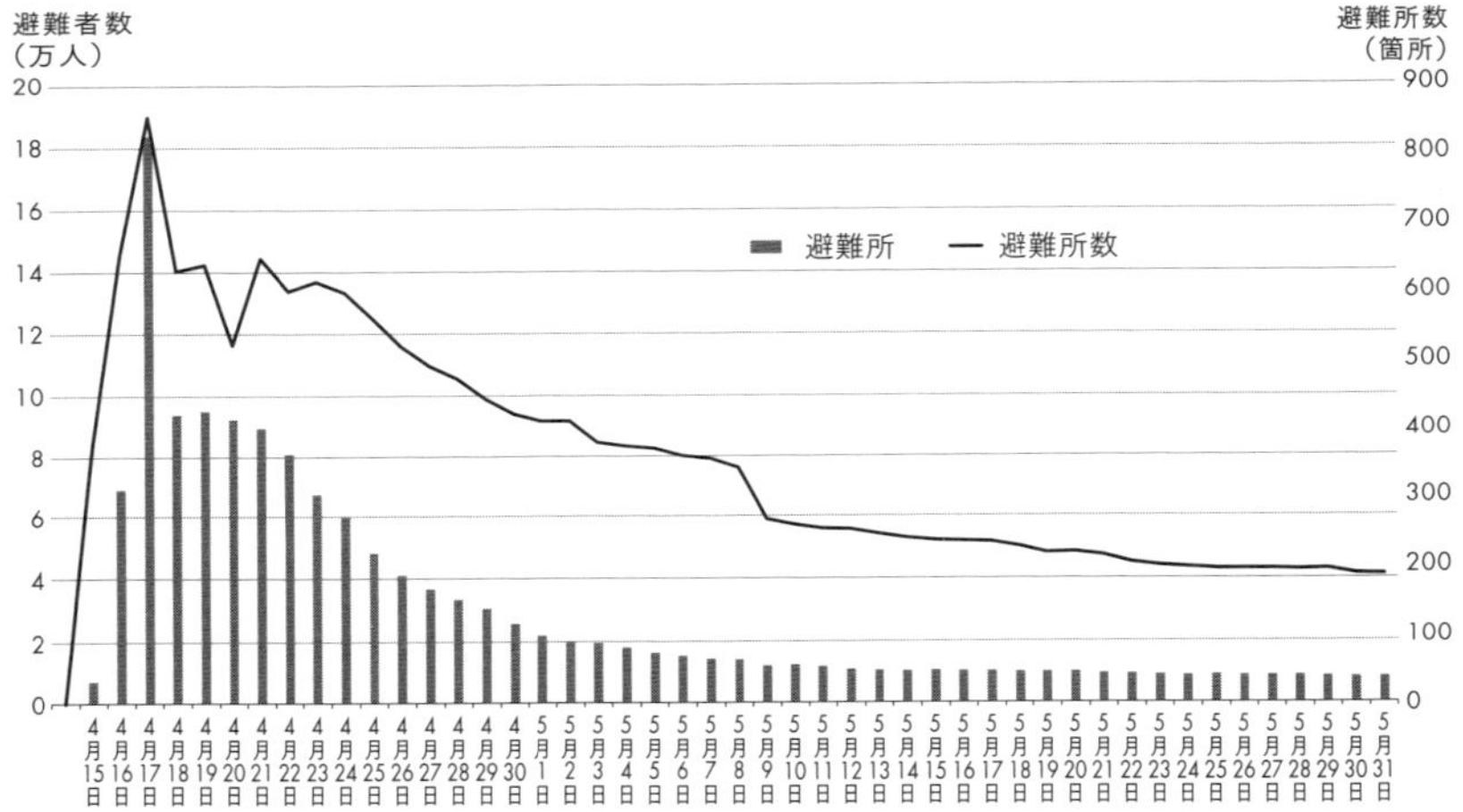

図4・1　熊本地震における熊本県の避難者の推移（出典：熊本県災害対策本部会議資料より作成）

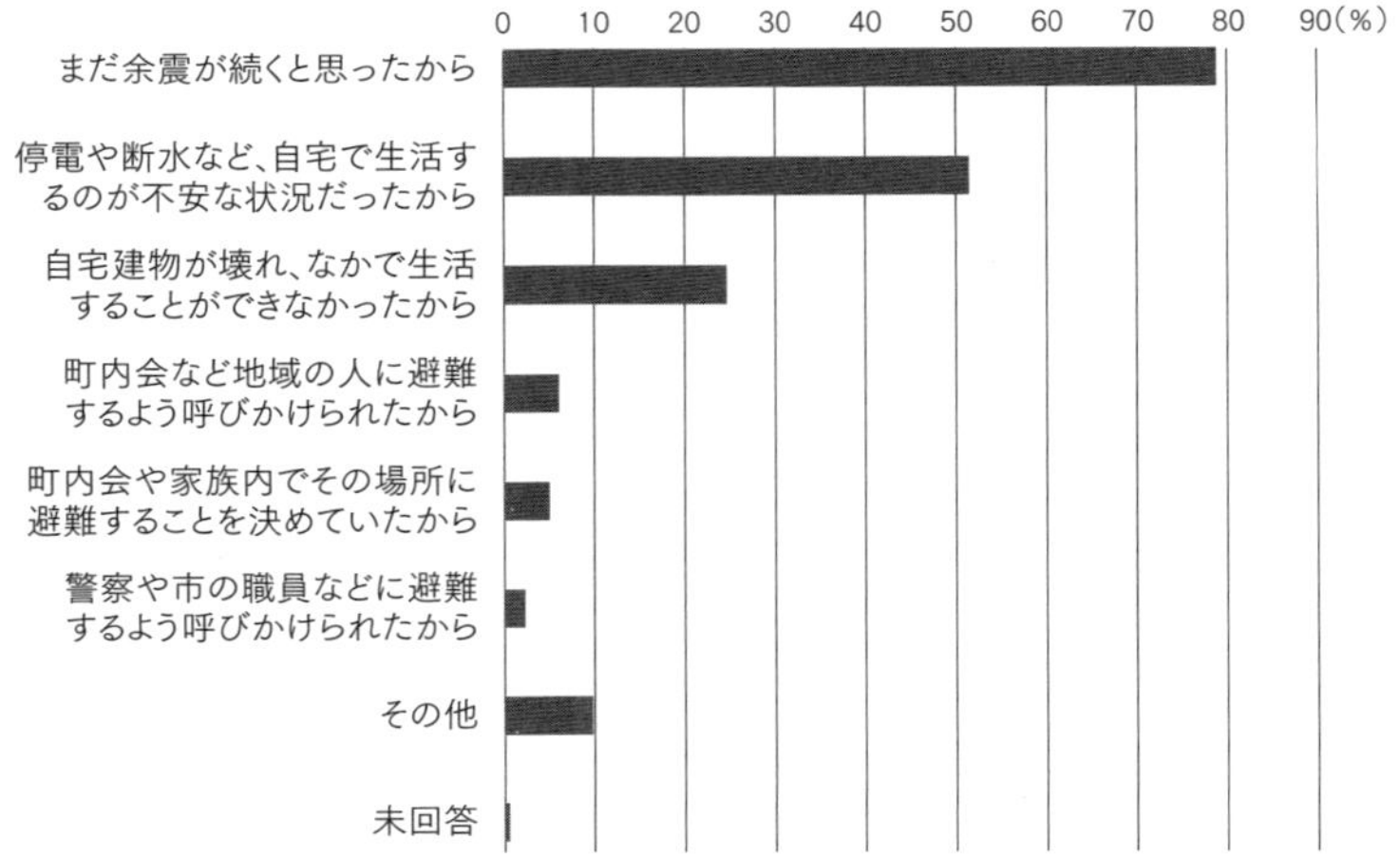

図4・2　避難した理由は何ですか。（M/A、n = 2,297）
（出典：熊本県資料 (3) より作成）

ケート調査(3)をみると、避難した理由としては、「まだ余震が続くと思ったから」が最多の79％、「停電や断水など、自宅で生活するのが不安な状況だったから」が52％となっています（図4・2）。つまり、避難している人の多くは、余震や、停電・断水が続くなかで生活することが不安だから避難しています。これらの人は、余震が少なくなり、電気や水道が復旧すると自宅に戻ります。従って避難所対応業務は、災害発生から1週間ほどの間は膨大なものとなりますが、その後、徐々に業務量が減っていきます。

ところが、被害が大きい災害の場合は、自宅が被害を受けて住めなくなり、自宅に戻れない避難者が多くなります。例えば、第2章で述べた熊本県益城町の事例では（図2・1参照）、避難者数は時間が経過しても減少せず、避難所数は時間の経過とともに増えています。これらの人は自宅が復旧するまでの間、避難所で生活せざるを得ません。このように住まいの被害が大きい災害の場合は、避難所対応業務は膨大なまま長期化します。住まいを確保しない限り避難者数は減りません。そのため、仮設住宅などの確保・建設の手配を急ぐ必要があります。

3　避難所生活における災害関連死

災害時の避難所対応において留意しなければならないのは、避難所の生活環境が、被災した人の健康悪化を招く点です。災害による死亡を原因別にみると、地震時の家屋倒壊による圧死や、津波による溺死などのハザードとする原因で死亡する人がいる一方で、地震津波などでは一命をとりとめたにもかかわらず、その後の避難生活における過労や病気の悪化など、災害を起因とする間接的要因で死亡する人もいます。このような、災害を起因とする要因による死は「災害関連死」とされています。災害関連死は、直接死同様に、災害に起因する死として認定されており、遺族には災害弔慰金が支給されます。

阪神・淡路大震災、新潟県中越地震、東日本大震災、熊本地震における直接死と災害関連死の割合を図4・3に示します。新潟県中越地震や熊本地震では、災害関連死が直接死を大きく上回っています。熊本地震の死者数は273名ですが、直接死と認定された人が50名であるのに対し、災害関連死として認定された人は220名に上っています（2021年9月時点）。

この二つの地震には、強い揺れの地震が長期間続くという特徴がありました。そのため、熊本地震における災害関連死の要因の調査結果（図4・4）をみると、災害関連死の最大の要因は「地震のショック・余震への恐怖による肉体的・精神的負担」（40・2％）であり、次いで多いのが「避難所など生活の肉体的・精神的負担」（29・7％）となっています。また、災害関連死となった人は70代以上が77％を占めており、災害発生直後の死亡が多くみられます。死亡者のうち何らかの既往症を持っていた人は87・3％であり、地震の揺れが続くことへの恐怖や、地震による避難生活が既往症の悪化を招いたことが想定されます。地震や余震による恐怖を軽減させるには、自宅の耐震化をすすめることや、家具を固定す

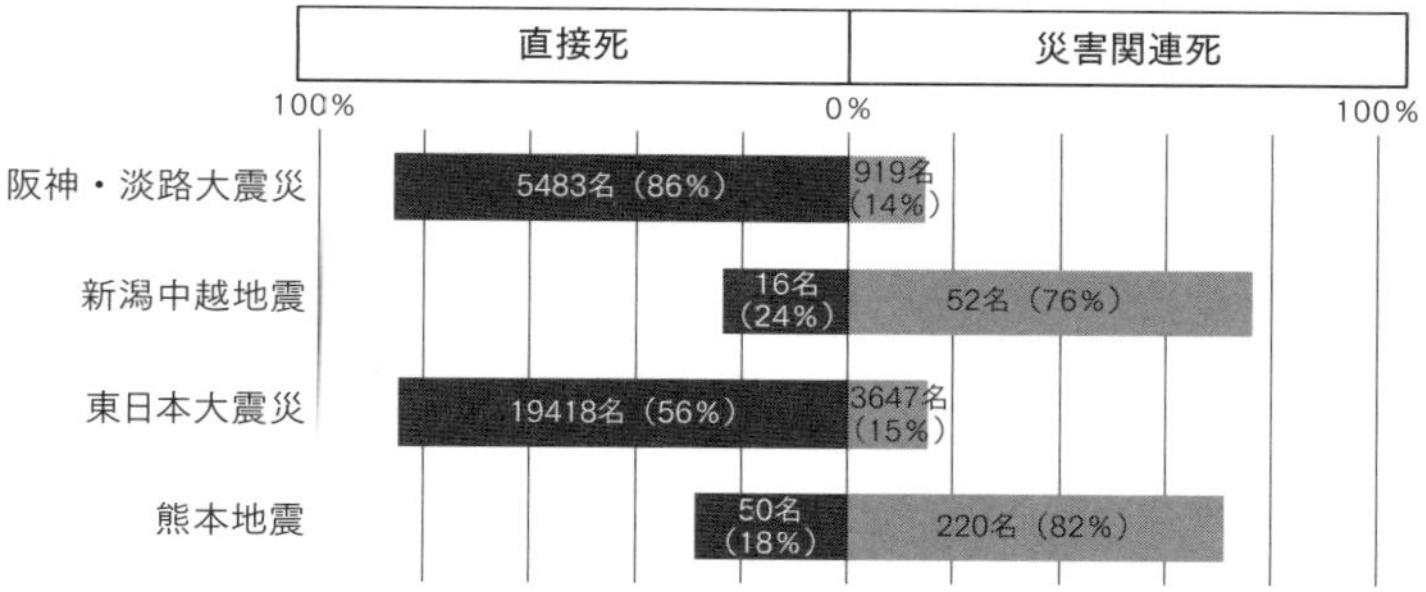

図4･3　直接死/災害関連死の割合

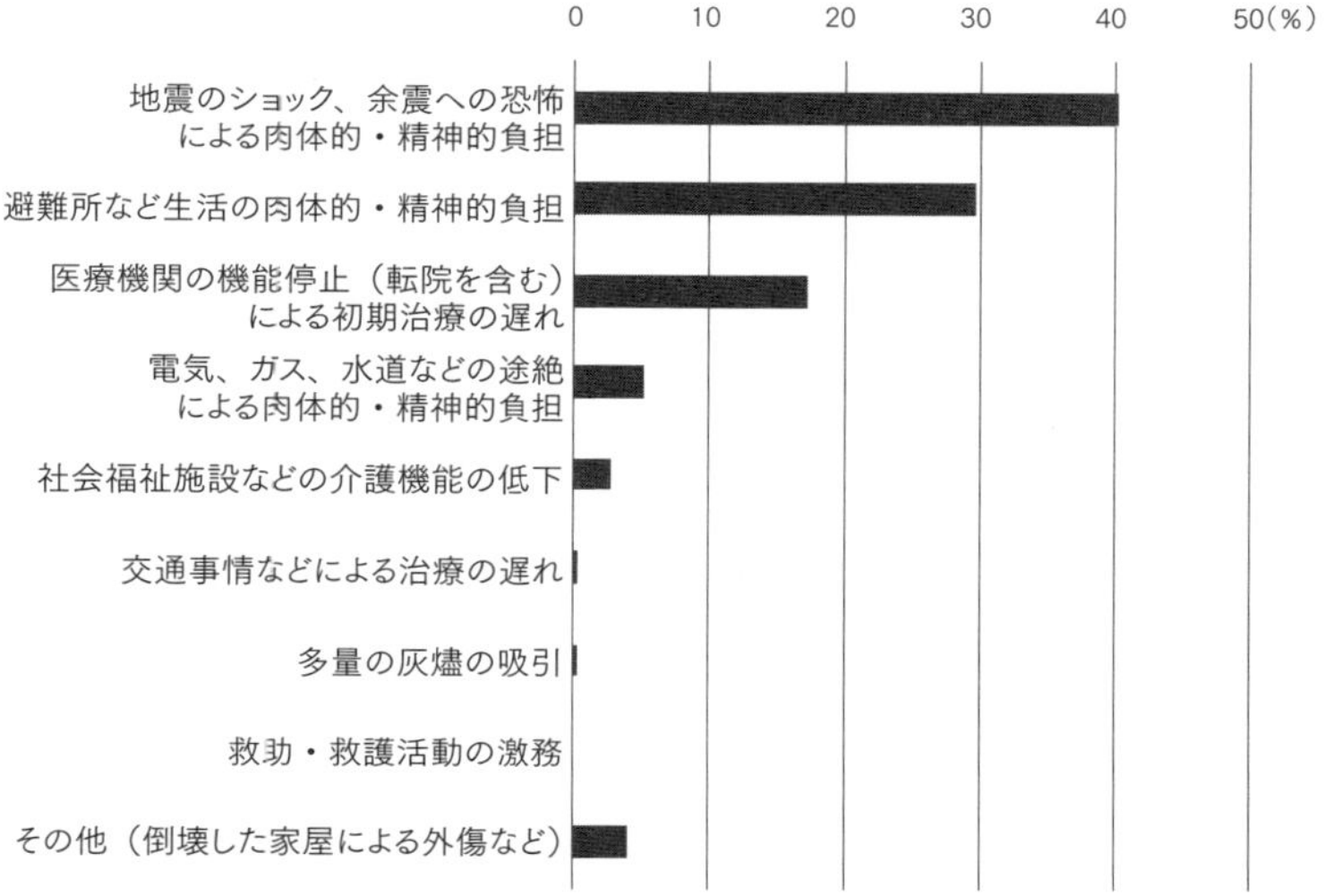

図4･4　熊本地震における災害関連死の原因（n＝249）
（出典：熊本県資料[4]より作成）

るなどの自宅の安全性確保には一人ひとりの取り組みである「自助」が重要です。これに対し、「避難所などでの生活の肉体的・精神的負担」を減らすには、避難所を開設する市町村などの「公助」や、避難する人の間での相互支援である「共助」の役割が大きくなります。

4 「動かない」と「動けなくなる」

熊本地震において災害関連死の要因としてあげられた「避難所などでの生活の肉体的・精神的負担」は、東日本大震災においても災害関連死の最大の要因として提示された課題でした[5]。避難所での生活が、なぜ災害関連死とつながるのかみてみましょう。その第一の要因は、避難所生活において「動かない」ことにより、「動けない」人がでてくる点です。阪神・淡路大震災における避難所が写真4・1です。避難所が多数の人で混雑し、足の踏み場がない様子がわかります。

阪神・淡路大震災では、地震発生から10日後に医師・理学療法士・作業療法士などのリハビリテーション専門チームが、避難所を巡回し、避難している人の生活機能調査を行っています。その調査結果をみると（表4・1）、避難所にはリハビリテーションが必要な人が多数おり、そのうち2割の人は避難する前は健康であり、地震により怪我をしていないにもかかわらずリハビリテーションが必要なこと

写真４・１　避難所の様子　（出典：神戸市）

（寝たきりになりやすいこと）が示されています。[6]　つまり、被災前は健康だった人が、避難所生活を経て動けなくなっていたわけです。

なぜ、健康な人が避難所で生活した結果、動けなくなるのでしょうか。その要因としては、「動きたくても動けない」という避難所の住環境の問題と、「平常時にしていることができない」「することがない」という生活習慣の問題があります。[7]「動きたくても動けない」状況になるのは、第一に、避難所が多数の人で混雑し、通路が確保されず移動が難しいこと、第二に、避難所には手すりや椅子などのつかまるものがないので足腰が弱い人は立ち上がりにくいことや、床に座ったままでは疲れるので横になってしまうことによります。

避難所が動きたくとも動けない空間になってしまうのは、生活空間が整備されないためです。避難する人は、自分の滞在するスペースを確保しようと「場所取り」をします。少しでも、安全・快適・広い場所を確保するために、床にはビニールシー

表4・1 避難生活者の生活機能調査結果

（出典：「阪神・淡路大震災巡回リハビリテーションチーム活動報告書」1995より作成）

	神戸市	西宮市	宝塚市	芦屋市	伊丹市	計（人）
被災前から何らかの障害を有するか、リハ医療を受けるかしており、現在もリハ治療が必要な人	316	145	122	70	3	656
被災前は健康であったが、今回傷害を受けたためにリハ医療が必要となった人	56	40	32	18	0	146
被災前は健康であり、今回も傷害を受けていないが、被災に起因する心理的要因または内科的要因（感冒など）により、リハ医療が必要になった人	93	34	53	18	3	201
対象人数	465	219	207	106	6	1003

トを敷き、荷物が置かれます。被害が大きな災害ほど避難する人は多くなるので、避難所の床一面にシートや物が置かれ、通路どころか足の踏み場すらない状況になります。いったん「場所取り」が行われてしまうと、場所を移すことは本人の同意や協力を得られない限り難しくなります。望ましいのは、事前に一人当たりどの程度の面積を確保しなければならないのか、空間をどのように利用するのかを決めておき、それに応じた空間設営を行うことです。避難所を開設した直後は避難者数の増減が大きいので、避難者数の増減が落ち着くタイミングをみて空間を整備します。いきなり「スペースを変更します」と言っても移動に反対する人がいるかもしれません。そこで、健康改善のための一斉清掃のタイミングを設け、それにあわせて通路確保する、空間調整を行うというように段階的に環境を整えるのもよいでしょう。

また、避難所には高齢者や障害者もいることから、椅子を配置する、杖などを提供するなど移動をサポートできると暮らしやすくなります。前述の阪神・淡路大震災の避難者については、動作指導を行う、杖を提供することにより生活機能が改善した事例が４割を占めました[(6)]。このように、早い段階で動ける環境をつくることにより、「動けなくなる」という問題を予防することができます。この点については、リハビリテーション専門職のサポートが得られると効果的です。

「することがない」のは、災害によりそれまで毎日行っていたことができなくなるためです。避難所では食事が提供されますので、買い物や調理をする必要がなくなります。平常時に畑で農作業や庭仕事をして体を動かしていた人は、避難所が自宅から離れた場所に開設されると、体を動かすことができず体力が低下します。見知らぬ人との共同生活のなかで、会話の機会が減ることもあります。被災したショックで落ち込み、何もしたくなくなる人もいます。このような要因が重なることにより生活機能は衰えていきます。これらの問題を予防するには、避難所での生活が平常時の生活に近いものになるよう、動く機会を増やしていく必要があります。例えば、自分たちで調理できるような調理室やキッチンカーを整備する、共同作業ができる場を確保する、自分の生活空間を掃除するよう働きかける、避難所運営において何らかの役割を担ってもらうなどの方法が考えられます。生活が不活発になることによる病気に「生活不活発病」があります。これらを解決するには、避難所における生活を「活発」なものに変える取り組みが求められます。

5 避難所の衛生環境をめぐる課題

(1) 断水時のトイレ問題

避難所での健康の悪化を招く第二の要因が、断水に伴う衛生環境の悪化です。断水が続くと、すぐにトイレ問題がでてきます。とりわけ多くの人が生活する避難所のトイレ問題は深刻です。東日本大震災時の避難所の運営に携わった人から「避難所ではトイレが排泄物であふれ足の踏み場がなくなり、段ボールを重ねてそれを利用していたほどだった」との話を聞いたことがあります。トイレは、誰かが掃除しなければならず、避難所を担当する市町村職員がトイレ対応に追われるケースもあります。避難所運営マニュアルのなかには、避難所のトイレ清掃は避難所を利用する人の協力を得るよう働きかけるようにと記載されているものがあります。しかし、家族を失う、仕事を失う、被災した家の片付けや事務手続きなどに追われ、喪失感から精神的に落ち込む被災者に、他の人が使うトイレ掃除を依頼できるのでしょうか。トイレを掃除するには水が必要ですが、断水が続く状況で掃除のための水をどのように確保するのか、という問題もでてきます。排泄物でトイレがあふれる、トイレ以外の場所でも排泄されるという状況になると衛生環境は一層悪化します。トイレに行かずにすむように水分摂取を控える人もでてきますが、そうすると、脱水症状、便秘、心血管系疾患、肺塞栓症などの災害関連死のリスクを高めることになります。

問題を解決するには、屋内ならば既存のトイレにビニール袋をセットして凝固剤を入れる非常用トイレを利用したり、屋外に仮設トイレを設置する必要があります。非常用トイレについては、ポータブルトイレ、自動ラップ式トイレなどがあります。また、水を汲んできて直接便器から流し入れることにより、流す方法もあります（写真４・２）。なお、ポータブルトイレについては利用者が多い場合は、すぐ

写真4・3　和式トイレに洋式カバーを設置している事例

写真4・2　水を汲みトイレに利用している事例

にトイレが排泄物で一杯になります。排泄物があふれそうになると、避難所を運営している市町村職員に連絡が入り、そのつど職員がトイレの清掃に追われます。古い建物の場合は和式トイレがありますが、高齢者や幼稚園児・小学生は和式トイレだと使いづらいことがあります。そのような場合は、和式トイレに洋式の便座カバーを設置すれば使えるようになります（写真4・3）。ただし、和式トイレの多くはドアが内側に開く内開きが多く、便座カバーを設置するとドアが閉まらなくなりますので、カーテンを利用するなどの工夫が必要です。

屋外に仮設トイレを設置する場合は、どこに設置するのかを事前に考えておかないと居住空間との兼ね合いからトラブルが発生します。避難所の居住空間の近くにトイレを設置すると、臭いの苦情が出てきますので、生活空間からは少し離れた場所で、雨が降った時や夜間であっても利用しやすい場所に設置する必要があります。雨が降るなか杖をついた高齢者が靴をはき、傘をさして屋外の仮設トイレを利用することは容易ではないからです。

また、仮設トイレの場合も、水を確保し、補充しなければ流せませ

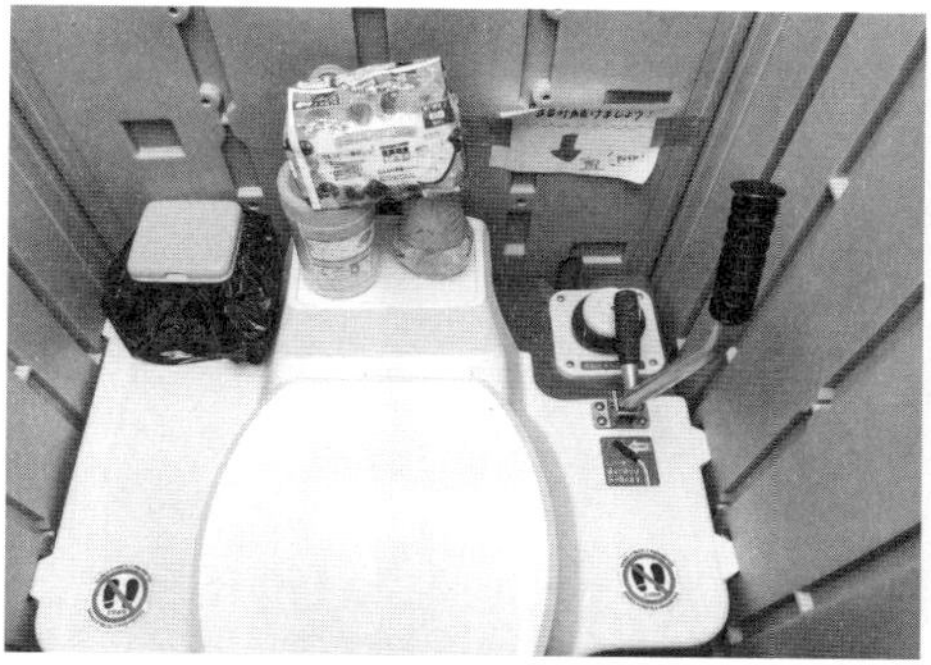

写真４・５　トイレ内に衛生用品を設置すると使いやすい

写真４・４　仮設トイレ用の水

ん（写真４・４）。生理用品や汚物入れ、ウェットティッシュなどの衛生用品はトイレ内に設置する方が使いやすいでしょう（写真４・５）。断水時のトイレは、水の使用量を減らすために、トイレットペーパーは流さない、ペットボトルやバケツの水を使い流すなどの普段とは違う様々な工夫がこらされます。このような普段とは違うトイレの使い方に関する情報がトイレを利用する人に届くよう、掲示を通して知らせることや、障害のある人、日本語を母国語としない人にも情報が届くような取り組みが必要です。

以上に述べたように、断水に伴うトイレ環境の整備は避難所運営の大きな課題です。避難訓練などの機会を利用して断水時のトイレ管理のルール、断水時のトイレ利用方法、トイレ設置場所、トイレ掃除のタイミングや、トイレのための水・備品の確保方法、トイレ利用者への情報提供方法を検討しておくことが重要です。なお、行政や避難している人だけで対応が難しい場合は、清掃業者に業務を委託することも検討しておく必要があります。トイレの衛生環境を改善するには、看護師・保健師やボランティアなどによる衛生環境の定期的なチェックを行うなど、公衆衛生面でのサポートが求められます。

(2) 洗面スペースの確保と衛生管理

断水時のトイレにおける衛生確保とともに重要になるのが、手洗いや歯磨きなどの洗面スペースの確保と衛生管理です。1995年の阪神・淡路大震災において、地震後1年間に災害関連死と認定された人は615名であり、死因をみると循環器系疾患が37・9%、呼吸器系疾患が35・0%(肺炎26・2%、その他8・8%)となっています。(8) 呼吸器系疾患については肺炎が多くみられますが、これは水や食べ物などが誤嚥によって肺に入り、肺に細菌が繁殖して炎症をひき起こす「誤嚥性肺炎」だとされています。(9) 避難所での水が不足し水分摂取を控えることや、洗面スペースや水が足りないため歯磨きや入れ歯の洗浄がいつものようにできず、口腔内の細菌が増えることが原因です。

避難所では、飲み水の確保が優先されがちであり、歯磨きのための水の確保まで発想が及びにくいものの、口腔内の衛生管理は災害関連死を防ぐためにも重要です。非常用備蓄における歯磨き用品、洗口液を準備しておくと有効です。また、アルコール、ウェットティッシュなど水を使わずとも利用できる衛生品は洗面スペースに配置するとよいでしょう。

６　優先されるべきなのは「公平性」よりも「必要性」

（１）災害時の「公平性」をめぐる課題

以上に述べた生活空間の問題や、断水に伴うトイレ・洗面所などの衛生環境の問題以外にも、避難所生活においては食事の問題、プライバシーの問題、ジェンダーの問題、ＬＧＢＴＱの問題、外国人の問題など多様な問題があります。このような問題が引き起こされる根本的な理由としては、第一に、市町村の備えが全ての避難者のニーズに対応し得るものとはなっていないこと、第二に、市町村の備えだけでは長期化する避難生活における健康悪化を防ぐことは難しいと考えられます。

第一の、市町村の備えが全ての避難者のニーズに対応し得るものとはなっていない点ですが、過去の災害対応の事例をみると、避難所運営が困難になるのは、避難者数が二百人を超すような避難所です。なかでも、千人以上の人が避難するような大規模な避難所の対応は難しいものです。これは当然のことで、千人以上の人に食事や物資を提供する、一人ひとりの要望に耳を傾け対応することなど経験したことがないからです。また、避難者数が多いのに対し、全ての人に行き渡るだけの食料や物資が準備されていないという問題もあります。逆にいえば、避難者数が少ない災害の避難所であれば、それなりに対応できています。従って、避難所運営の問題を考える時は、同時に数百人以上の人が避難するケースを想定して、どう対応するのかを考えておく必要があります。

被災者全員に行き届くだけの物資を備蓄することは、そのための財源と空間があれば可能でしょう。しかし、災害はいつ起きるかわからない不確実な現象です。そのような不確実な現象のために物資を備蓄しても、災害が起こらなければ廃棄せざるを得ません。廃棄する可能性があるものを備蓄しておくことを問題視する人もいます。また、備蓄物資を保管するにはスペースが必要です。市民全員分スペースを確保するのは無理です。市町村の多くは、地域防災計画に基づき、どの程度の人が被災するのかを予測しており、それに基づき備蓄を整備しています。とはいえ、実際の被害が予測を上回ると当然のごとく物資は不足します。従って、事前に想定していた人数を超える人が避難した時に、避難所ではどのように対応するのか、市町村全体としてどのように対応するのかという方針を立てておく必要があります。

避難所の受け入れ許容人数を超える人が避難してきた時の対応策としては前章で述べたように相互応援協定に基づき、他の市町村からの職員や物資の支援を得ること、国や都道府県の支援を得ることが考えられます。とはいえ、当面の間は自らの人的・物的資源をフルに活用して対応せざるを得ません。全ての人に食料・物資が行き渡らない場合の状況判断において、即興で考えなければならないのは「公平性」と「必要性」です。

市町村は、等しく「公平」に食料・物資を提供しようとしますが、避難している人の数に見合うだけの食料や物資がなければ、「公平」に提供することは困難です。数が限られる状況において取り得る選択肢としては、配布・提供を見合わせる、もしくは「先着順」で提供することでしょう(10)。災害発生直後の状況をみると先着順が圧倒的多数です。避難所の居場所であれば、早く避難した人ほどより快適かつ広いスペースを確保することができます。食料や物資についても、早く情報を得て配布場所に並ぶ人ほど、得られるものが多くなります。災害関連死を減らすには、健康被害のリスクが高い人ほど場所や物資を必要としており配慮が必要なはずですが、災害発生直後はなかなかその通りにはなりません。なぜなら、災害発生後の資源が限られる状況においては、自分自身のことが優先され、他者への対応は自分自身のことが満たされた後になりがちだからです。そのため、他者からの支援がなければ生きのびることが困難な要配慮者への支援こそ、市町村が担わなければなりません。

このように大規模災害時に「公平性」が担保されないのであれば、あらかじめ避難所での居場所の確保が先着順であることや、食料や物資は予算の制約があるため全員に行き渡るだけの確保が難しいことを市民に伝えておかなければなりません。そうすれば、早めに避難する人や、あるいは自分で食料・物資を持ち避難する人が増えるでしょう。また、先着順が望ましくないのであれば、どのように判断し対応するのかというルールを事前に検討しておく必要があります。これらの問題にどう対応するのかを事前に検討していないことこそが、避難所対応を難しくする要因です。

（2）生活の質をめぐる課題

第二に、市町村が行っている食料や物資などの備蓄という災害対応の備え、例えば食料であれば炭水化物を中心とする非常食や、寝具であれば毛布やダンボールベッドを中心とする寝具は、命を守るために最低限必要とされるものですが、長期間これらのものを使い続けることは、逆に健康を悪化させることになります。

例えば、寝具については、避難所が開設されると毛布が配布されます。とはいえ、床の上に毛布だけを敷いて眠る生活が1週間も続くと体中が痛みます。西日本豪雨災害が発生してから1週間が経過した避難所を訪れたところ、床で寝起きをしている人は「体中が痛い」「疲れ切った」と話していました。体が痛いためにダンボールの上に毛布を敷いて生活していた人のなかには、「立とうとしたら滑って転倒。肋骨を骨折した」という人もいました。下肢に障害があり、自力では移動が困難な人のなかには、座卓の上に座布団を敷いて生活している人もいました。

毛布を敷くだけの生活は辛いので、毛布以外の寝具はないか、町の備蓄物資を確認したところ物資倉庫にはマットレスがあることがわかりました。被災者全員に行き渡るだけの数はないので配布されていなかったのです。さらに、県の災害対策本部の備蓄リストを確認したところ、県に要請をすればマットレスの支援を得られることがわかりました。そこで、被災者側の健康状況や、マットレス・ベッドのニーズを確認し、必要とされるところから順次配布することにしました。市町村に十分な備蓄がない場合には、国や都道府県から支援を得ることができますし、公平性が担保できない場合は、必要性に配慮し対応することが大切です。

ダンボールベッドは、空き箱などを活用して簡易に組み立てることができますが、ダンボールの搬送や、組み立て作業には人手が必要です。この時の段ボールベッドは、１台のベッドを組み立てるのに、小箱24箱、枠となる箱４箱、パーティション４箱、背板一枚（90㎝×１８０㎝）が必要であり、箱を搬送するための大型車両の手配や、人手が求められました。さらに、ベッド１台を組み立てるのに１人では約20分〜30分かかります。従って、組み立て・搬送などにおいてボランティアなどの人手が必要になります。また、ダンボールベッドを長期間利用していると湿気などにより紙が歪む、背面が凹むなどの課題がみられます。さらに、利用している人が退去した後の廃棄作業も人手が必要です。

このように、寝具については毛布やダンボールベッドを中心に備蓄されていますが、これらのものを配布するだけでは環境は改善されません。災害発生直後の緊急時は毛布を配布することで精一杯だったとしても、その後は徐々にマットレス、ベッドというように環境を改善することにより、生活の質を上げていく必要があります。支援の手が足りない時は、民間企業やボランティアの支援を得ることも検討する必要があります。

7 多様な人との協働による避難所運営

本章では、災害関連死を防ぐという観点から、避難所運営について述べました。どうすれば避難所運営のあり方を改善することができるのか、最後にこれまでの議論を踏まえた改善策として以下の3点を提案します。

第一に、想定を超える数の人が避難した時の対応策の検討です。そのような災害に備えることは予算的な制約もあり厳しくても、万が一そのような状況が発生した時にどのように対応するのかという判断基準は検討しておく必要があります。前節で述べたように、「公平性」に基づき対応することが難しい時に、「先着順」で対応するのか、それとも「必要性」を重視するのか、「必要性」に応じた支援を提供するにはどのようなアプローチが適切なのかを検討しておくことです。

第二に、市町村職員を中心とした避難所運営のあり方を見直し、様々な人との協働による運営体制を構築することです。市町村の地域防災計画の多くは、災害発生時に職員を避難所に配備し、避難所運営委員会を設置し、避難所運営にあたることを定めています。すなわち、市町村職員が中心となり避難所運営を行う体制が検討されているわけです。ところが、避難所運営委員会を設置した経験がない職員が、運営委員会を設置することは容易ではありません。また、多様な人がかかわります。図４・５は、避難所運営にかかわる関係者を示しています[11]。避難所運営には、「地域住民」「施設管理者」「避難所派遣行政職員」「避難者」「ボランティア団体」を中心としつつも、多様な人がかかわる協働の場です。避難所運営に際して発生し得る課題のなかには、対人関係をめぐる課題や、福祉制度の運用をめぐる課題、行政だけでは対応が難しい課題もあります。従って、これらの多様な主体との協働により運営するための仕組みづくり、例えば地域の人・支援者と協働して避難所運営会議を開催し、そのなかで共通のルールを定め、問題の解決方法の事例を積み重ねることが考えられます。最近では、状況判断に迷う課題をテーマにした防災学習ツールも開発されています。阪神・淡路大震災時に避難所対応に苦労した神戸市職員の体験談に基づき開発された「防災クロスロード」や静岡県の職員が開発した「避難所運営ゲーム（ＨＵＧ）」などもありますので、これらの学習ツールをうまく活用して、状況判断力を高めてください。

第三に、避難所運営の知識と技術、そして経験を持つ人材を、職員や地域住民のなかに増やす点です。避難生活における生活の質を向上させるためのノウハウのなかには、過去の災害対応の経験から得られるものも多くあります。これらのノウハウを知るには、過去の避難所運営から学ぶ場を設けるとともに、いざという時に相互に助け合える、避難所運営の専門的な知識を持つ人材育成の仕組みが必要です。内閣府は２０２２年から「避難生活支援・防災人材育成エコシステム」という官民連携による被

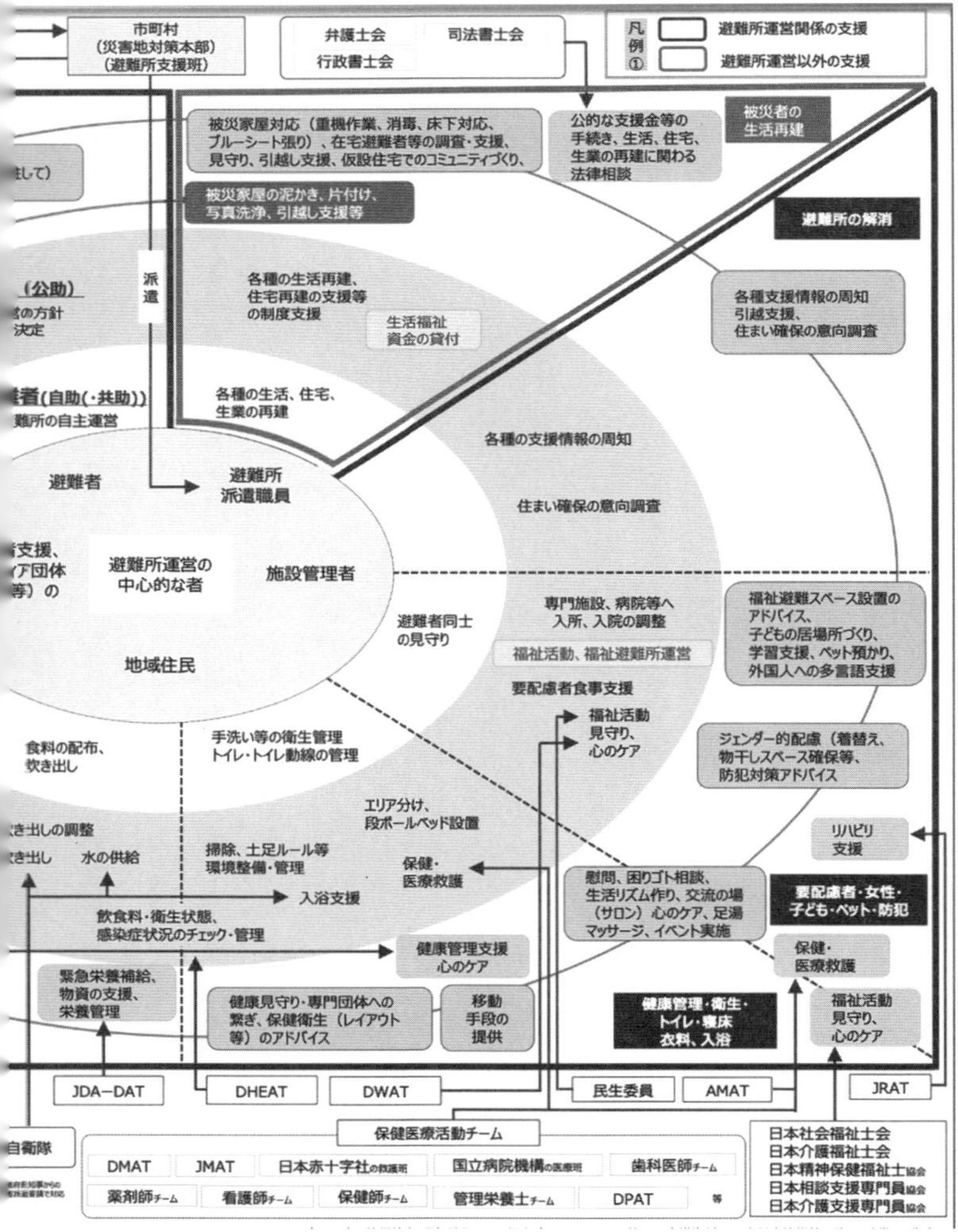
市町村
（災害地対策本部）
（避難所支援班）
弁護士会
司法書士会
行政書士会
凡例①
避難所運営関係の支援
避難所運営以外の支援
被災家屋対応（重機作業、消毒、床下対応、
ブルーシート張り）、在宅避難者等の調査・支援、
見守り、引越し支援、仮設住宅でのコミュニティづくり、
公的な支援金等の
手続き、生活、住宅、
生業の再建に関わる
法律相談
被災者の
生活再建
被災家屋の泥かき、片付け、
写真洗浄、引越し支援等
避難所の解消
派遣
（公助）
各種の生活再建、
住宅再建の支援等
の制度支援
生活福祉
資金の貸付
各種支援情報の周知
引越支援、
住まい確保の意向調査
（自助（・共助））
避難所の自主運営
各種の生活、住宅、
生業の再建
各種の支援情報の周知
避難者
避難所
派遣職員
住まい確保の意向調査
避難所運営の
中心的な者
施設管理者
福祉避難スペース設置の
アドバイス、
子どもの居場所づくり、
学習支援、ペット預かり、
外国人への多言語支援
避難者同士
の見守り
専門施設、病院等へ
入所、入院の調整
福祉活動、福祉避難所運営
地域住民
要配慮者食事支援
福祉活動
見守り、
心のケア
手洗い等の衛生管理
トイレ・トイレ動線の管理
ジェンダー的配慮（着替え、
物干しスペース確保等、
防犯対策アドバイス
食料の配布、
炊き出し
エリア分け、
段ボールベッド設置
リハビリ
支援
水の供給
掃除、土足ルール等
環境整備・管理
保健・
医療救護
慰問、困りゴト相談、
生活リズム作り、交流の場
（サロン）心のケア、足湯
マッサージ、イベント実施
要配慮者・女性・
子ども・ペット・防犯
入浴支援
飲食料・衛生状態、
感染症状況のチェック・管理
健康管理支援
心のケア
保健・
医療救護
緊急栄養補給、
物資の支援、
栄養管理
健康見守り・専門団体への
繋ぎ、保健衛生（レイアウト
等）のアドバイス
移動
手段の
提供
健康管理・衛生・
トイレ・寝床
衣料、入浴
福祉活動
見守り、
心のケア
JDA−DAT
DHEAT
DWAT
民生委員
AMAT
JRAT
自衛隊
保健医療活動チーム
DMAT
JMAT
日本赤十字社の救護班
国立病院機構の医療班
歯科医師チーム
薬剤師チーム
看護師チーム
保健師チーム
管理栄養士チーム
DPAT
等
日本社会福祉士会
日本介護福祉士会
日本精神保健福祉士協会
日本相談支援専門員協会
日本介護支援専門員協会

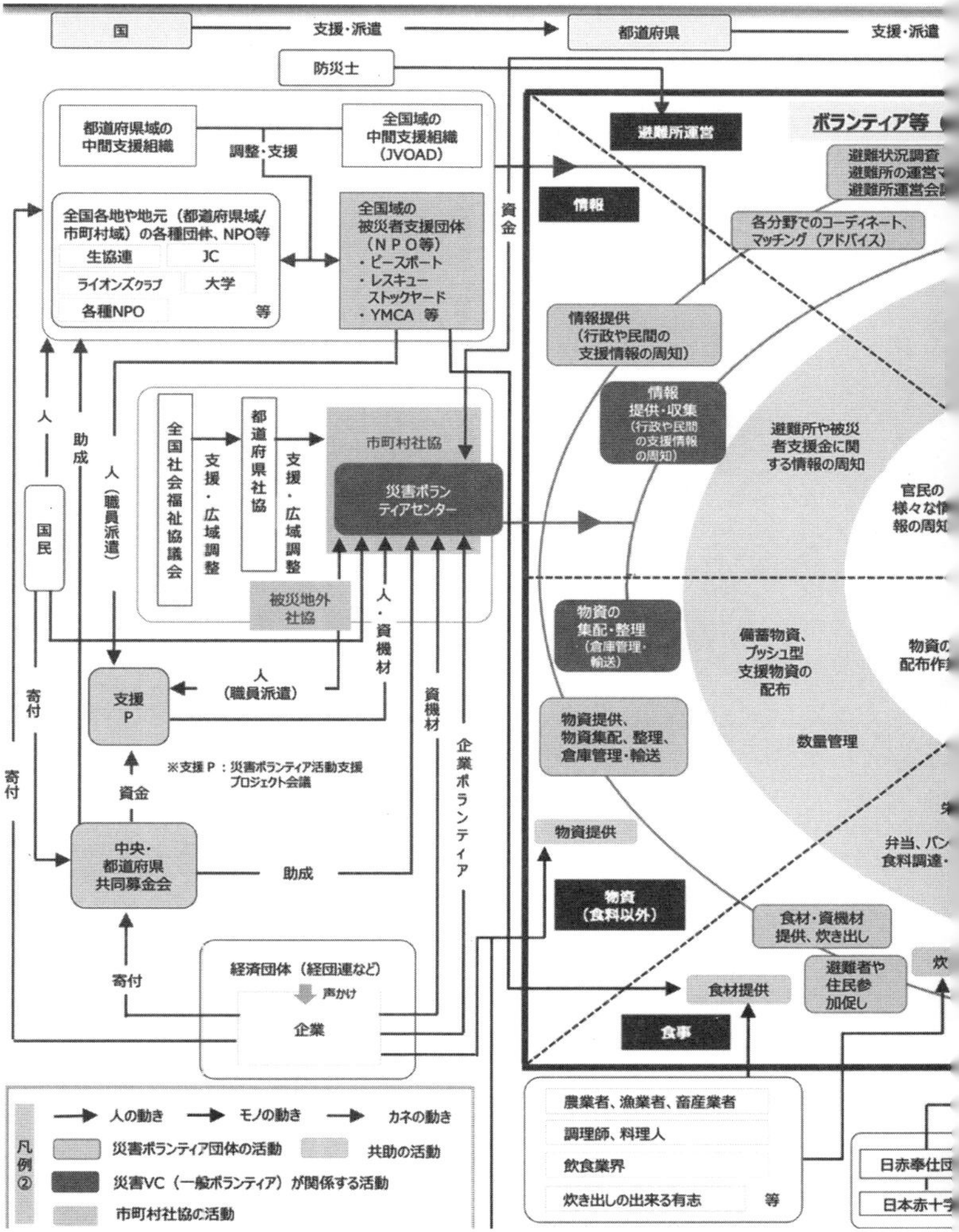

図４･５　避難所運営に関係するボランティアなど支援者の関係図

災者支援のエキスパート育成プログラムを始めています。被災者支援の専門性を持つ人材を育成し、これらの人が避難所対応の支援に携わることができる仕組みづくりが望まれます。

参考文献
（1）熊本県第2回災害対策本部会議（4月15日付）
（2）熊本県第8回災害対策本部会議（4月17日付）
（3）熊本県知事公室危機管理防災課「平成28年熊本地震に関する県民アンケート調査結果（平成29年3月13日）」
（4）熊本県「平成28年熊本地震熊本県はいかに動いたか復旧・復興編」２０１８
（5）復興庁「東日本大震災における震災関連死に関する報告（案）」（平成23年8月21日付）https://www.reconstruction.go.jp/topics/3-5_siryou4.pdf
（6）阪神・淡路大震災巡回リハビリテーションチーム『阪神・淡路大震災巡回リハビリテーションチーム活動報告書』１９９５
（7）大川弥生「生活不活発病の予防と回復支援—防げたはずの生活機能低下の中心的課題」『日本内科学会雑誌』第１０２２巻第2号、pp.471-477、２０１３
（8）上田耕三、石川靖二、安川忠通「震災後関連死亡とその対策」『日本醫事新報』No.3776, pp.40-44、１９９６
（9）足立了平「災害時の口腔ケア」『日本プライマリ・ケア連合学会誌』vol.34. No.3, pp.245-248、２０１１
（10）矢守克也、吉川肇子、網代剛『防災ゲームで学ぶリスク・コミュニケーション—クロスロードへの招待』ナカニシヤ出版、２００５

（11）　内閣府「防災教育・周知啓発ワーキンググループ災害ボランティアチーム提言」２０２１　https://www.bousai.go.jp/kaigirep/teigen/pdf/teigen_07.pdf

第5章

避難情報と住民の避難行動

1 市町村が発令する避難情報

災害が発生する危険がある時に、市町村は被害が想定される地域の住民が被害にあうことなく避難できるよう、「高齢者等避難」「避難指示」などの避難に関する情報（以下「避難情報」）を発令しなければなりません。避難とは広辞苑によると「災難を避ける」という意味です。災難を避けるためにはその時いる場所を立ち退き、より安全な場所に移動しなければならないことがあります。

避難というと第4章で述べた市町村により指定された避難所に行くことをイメージする人もいますが、避難所に行くことだけが避難ではありません。避難所は被害を避けることができる場所の一つですが、安全な場所は自分のいる場所やその周囲の状況によっても変わります。自分のいる場所が河川の氾濫により大規模に浸水する、あるいは土砂災害による被害が想定されるところで、平屋や1階にいるならば立ち退きは必要です。しかしながら、浸水・土砂災害などの危険性がないところや、想定される被害が床下浸水のように軽微であり、上階に行くことにより安全が確保されるならば、立ち退かずに屋内で安全を確保する（屋内安全確保）ことも避難です。

避難情報の発令は、市町村の重要な業務の一つです。的確なタイミングで情報を発令するには、どのタイミングでどのような情報を発令するのかという基準を検討しておかなければなりません。避難情報の判断基準として用いられるのが、雲・降雨・水位などのハザード観測・解析情報です。近年は情報のデジタル化による社会変革（デジタルトランスフォメーション（ＤＸ））が急速に進んでいます。観測・解析技術の発展により、精度が高く、かつ詳細な情報を短時間で得られるようになっています。また、情報伝達手段もインターネットや携帯電話の普及により、防災行政無線やテレビ・ラジオに加え、緊急速報メール・ＳＮＳ・インターネットなどへと多様化しています。このような社会の変革を受け、防災気象情報は毎年のように見直し・改定が行われています。

しかしながら、このような急速な情報の変化に、全ての人が追いついているわけではありません。また、近年の豪雨災害では、被害が発生する前に的確に避難情報が出されているにもかかわらず、避難せずに犠牲者になる人がいます。第3節に詳述しますが、避難せずに被害にあった人の行動を詳細に検討すると、避難情報やハザードマップのような科学技術情報よりも、自らの経験に基づき状況を判断し行動する傾向がみられます。つまり、科学技術情報に基づく市町村の避難情報と、自らの経験に基づく住民の行動との間には災害リスクに対する認識にギャップがみられます。このギャップを埋めない限り、避難情報を避難行動に結びつけることは難しいでしょう。

そこで本章では、災害時の避難について、情報の伝え手である市町村による取り組みと、情報の受け手である住民の避難行動の両側面から検討します。第2節では、市町村が避難情報を発令するために、これまでどのような取り組みを行ってきたのか、その概要を整理します。第3節では、住民の避難行動に着目し、住民にどのようにハザードリスクが認識されているのか、情報を受けた後にどう行動しているのかを検討します。以上の議論をふまえ、第4節では地域住民などの避難を促すにはどのような取り組みが求められるのかを検討します。

2 どのタイミングでどの避難情報を出すのか

(1) 科学技術情報に基づく避難情報

ここでは、市町村による避難情報発令のための取り組みの変遷をみてみましょう。避難情報の発令は、災害対策基本法に定められている市町村の責務です。避難情報発令の基準や伝達方法をどのように判断するのかを示しているのが「避難情報に関するガイドライン」です。[*1] 同ガイドラインは、2004年に相次いだ豪雨災害をきっかけに検討が始められ、2005年（平成16年度）に最初のガイドラインが策定され、2014年（平成26年度）（平成27年度一部改定）、2016年（平成28年度）、2018年（平成30年度）、2021年（令和3年度）（令和4年度更新）と大きく4回改定されています。2014年以

図5・1　避難情報の変更について
（出典：内閣府）

降はガイドラインが頻繁に改定されており、改定の頻度の高さからも、避難情報の発令がいかに難しいかがわかります。ここでは、このガイドライン策定の経緯をその変遷から、避難情報の特性をみてみます。

　現在運用されている市町村による避難情報は、「避難指示」「高齢者等避難」の2種類です。2021年5月までは「避難指示（緊急）」「避難勧告」「避難準備・高齢者等避難開始」の3種類の情報が運用されていましたが、災害対策基本法の改正により「避難勧告」が廃止され2種類になりました（図5・1）。また、2020年からは住民が取るべき行動を数値（「1」～「5」）で示した「警戒レベル」が、避難情報とともに運用されています。

　これらの情報は避難を促すために発令されます。ただし、情報の性質は異なります。「避難指示」は、災害対策基本法の市町村長の避難の指示などに関する条項

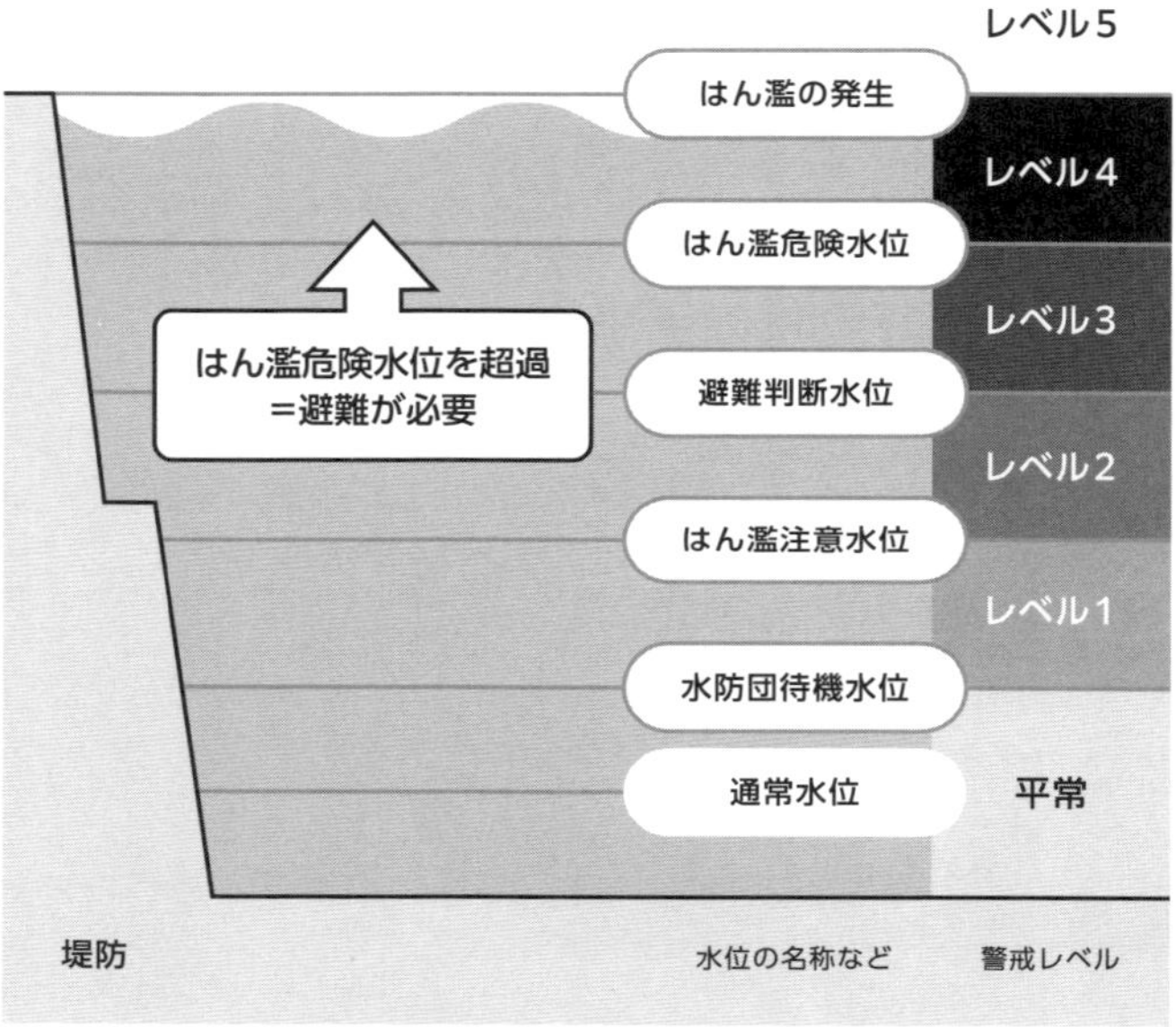

実際は ●直感的に確認できるよう洪水危険レベルをカラー表示 ●夜間でも確認できるよう蓄光タイプの塗料を使用

図5•2　指定河川洪水予報の発表基準と取るべき対応

（災害対策基本法第60条第1項）を根拠とするものであり、市町村長は避難が必要な地域の住民などに対し避難のための立ち退きを指示することができるとする、拘束力の強い情報です。これに対し、「高齢者等避難」は市町村長の警報の伝達及び計画に関する条項（災害対策基本法第56条第2項）を根拠としており、避難に時間を要すると考えられる高齢者などの要配慮者の避難を促すための予警報としての情報です。「高齢者等避難」は、早いタイミングで出されるために、発令される頻度が高く、また発令されたとしても被害が発生しない可能性があります。

　これらの避難情報を発令する基準は、あらかじめ定めておかなければなりません。避難情報の発令にあたり重視されるのが河川の水位や降雨の状況などのハザードの観測・解析情報です。例えば、洪水の避難情報発令の基準となるのが河川水位情報です。河川については、水位観測所ごとに国や都道府県により「氾濫危険水位」「避難判断水位」などの基準となる水位が定められています[*2]（図5・2）。「氾濫危険水位」に到達する見込みの時には国土交通省や都道府県により「氾濫危険情報」（警戒レベル4相当）が、また「避難判断水位」に到達する見込みのときに「氾濫警戒情報」（警戒レベル3相当）が出されます。市町村は、これらの水位情報に加え、降雨や浸水の状況、水門や排水機場などの施設の状況に基づき避難情報の発令を判断します。

土砂災害については、土砂災害の危険度が高まると気象庁や都道府県により「土砂災害警戒情報」が発表されます。気象庁も「土砂キキクル（大雨警報（土砂災害）の危険度分布）」を発表します。土砂キキクルは、降った雨がどの程度土壌中に水分量として貯まっているのかを示す「土壌雨量指数」と、60分間積算雨量などの短期雨量指数に基づき土砂災害の予測値を判定し、色分けして示すものです。

このように、ハザードの観測・解析情報は避難情報の発令を判断する基準となっています。とはいえ、これらの情報は、あくまで予測値であり、実際に被害が発生するか否かは、その時の天候や、ダム・堤防樋門・排水機場などの施設の操作状況によっても異なります。そのため、自主防災組織・水防団などからリアルタイムの情報を得るとともに、河川を観測する機関とコミュニケーションをとり、即興で対応を判断する必要があります。

(2) 避難情報発令の判断基準

このように、避難情報の発令は、科学技術情報を基盤としています。その運用体制を定めるきっかけとなったのは2004年に相次いだ豪雨災害です。当時、市町村が発令していた避難情報は、「避難指示」「避難勧告」の2種類でした。しかし、何を基準にこれらの情報を発令するのかは定められておらず、避難情報を出し遅れる、情報が地域住民などに伝わらないという課題もありました。[1]

新潟県三条市は2004年7月の豪雨で市内を流れる五十嵐川の堤防が決壊したことにより大きな被害を受けました。被害の発生に備え、市の職員は五十嵐川の観測点の水位情報や上流のダム放流情報を注視していました。地域防災計画には避難勧告の発令基準として、「河川が警戒水位を突破して、氾濫の恐れがある時」としていました。しかし、「氾濫の恐れがある」ことをどのように判断すればよいのかは明確ではありませんでした。というのも、五十嵐川には消防団参集の基準となる「警戒水位」は定められていたものの、氾濫の危険性を示す「危険水位」は定められていなかったからです。[2] 河川には、国が主として氾濫の危険性を周知する「洪水予報河川」と、それ以外の「水位周知河川」があり、管理主体により水位情報の整備状況は異なり、五十嵐川のような水位周知河川には、情報発表の基準となる水位情報が整備されていないところがありました。また、市についても、地域防災計画に避難情報の発令基準を定めてはいたものの、その基準については実効性を持つものとなっていなかったのです。

２００４年に相次いだ豪雨災害の対応の検証を行った国は、２００５年に「避難勧告等の判断・伝達マニュアル作成ガイドライン」を策定しました。[3] ガイドラインでは、水害（外水氾濫・内水氾濫）、高潮災害、土砂災害というハザードごとに、判断基準を整備しておくことが定められました。

また、避難情報を地域住民などに「伝える」のみならず、「伝わる」情報とするための取り組みも始められました。当時は、避難情報の伝達手段としては防災行政無線が活用されていましたが、屋外拡声器は天候や地形の影響を受けやすく、聞こえづらい地域がありました。そのような拡声器による音声が届きにくい地域については、各家庭に個別受信機を配布することにより「伝わる」情報とする取り組みが行われるようになりました。今では、地域一帯の携帯電話所持者に一斉に情報を届けることができる「緊急速報メール」や、テレビのデータ放送（ｄボタン）などを活用することにより一人一人に情報が届くように、きめ細やかな取り組みが行われています。

（３）高齢者・障害者などの避難をめぐる課題

２００４年７月豪雨による犠牲者（20名）のうち、65歳以上の高齢者は17名（85％）と高い割合を占めました。屋外で犠牲になった人は７割に上り、高齢者や障害者など避難に時間を要する人がいることから、「避難勧告」「避難指示」よりも早い段階で避難を促すことのできる情報の整備が求められました。[3]

そこで、すでに一部の市町村が運用していた「避難準備」に、要援護者の避難を意識させる言葉を加えることになり、「避難準備（要援護者避難）」という情報が新たに整備されました。*3 被害を減らすには、「避難準備（要援護者避難）」情報をいちはやく運用する必要があったことから法律の整備に先駆けて情報の運用が開始されました。また、要援護者の避難を促進するには、要援護者の情報を掲載した名簿を整備するとともに、避難先を整備する必要がありました。そこで、避難支援については、「災害時要援護者の避難支援ガイドライン」が２００５年に定められました。ガイドラインは、その後の災害の経験をふまえて改正・更新されているものの、災害時要援護者対応の方針を示す基礎的な資料となっています。

（4）避難情報を発令しても避難しないのはなぜか

以上に述べたように、市町村の避難情報についてはガイドラインを策定することにより発令を判断する基準が明確化されています。それにより近年では被害が発生する前に情報が出されるようになっています。災害時にどのように避難情報が発令されたのか、平成30年７月豪雨（西日本豪雨）で大きな被害を受けた岡山県倉敷市の事例からみてみましょう。(4)

西日本豪雨は、２０１８年７月５日〜８日にかけて通過した台風７号に伴う梅雨前線の停滞により西日本を中心に被害をもたらした災害です。災害による犠牲者数は２３０名（岡山県64名、広島県１１４名、愛媛県27名）でした。なかでも、岡山県倉敷市真備町の被害は大きく、51名が犠牲となりました。真備町は倉

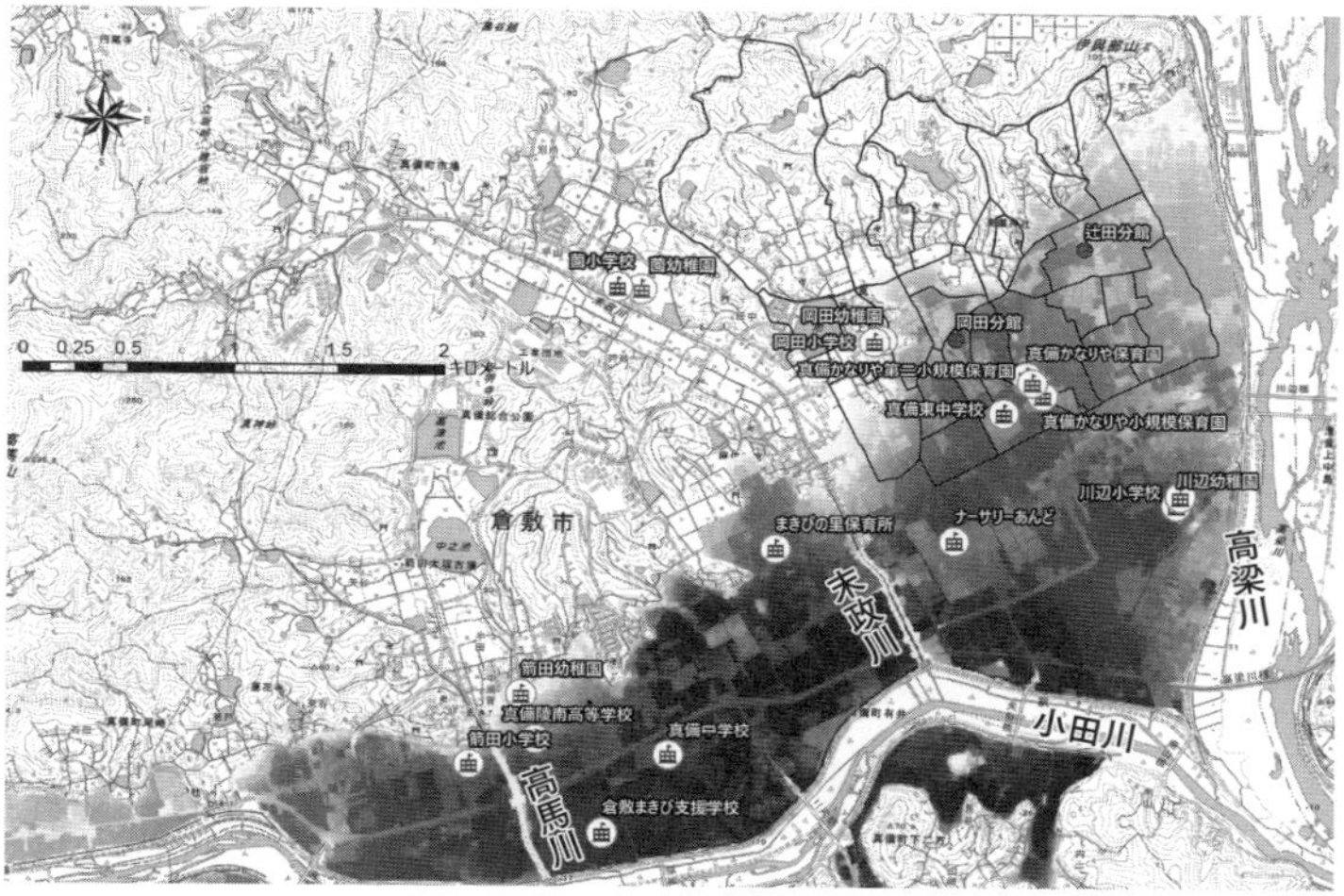

図5・3　平成30年７月豪雨による真備町の浸水エリア（国土地理院地図に地名などを加筆）

敷市の北東に位置しており、まちの東を南北に高梁川が、南を東西に小田川が流れています（図5・3）。この豪雨では、小田川とその支流の末政川、高馬川、真谷川などで越流・決壊・法面崩れなどが起こり広範に浸水しました。

この豪雨が起きた時の倉敷市による避難情報発令のタイミングは表5・1の通りです。倉敷市は、降雨の状況や、河川（高梁川・小田川）の水位をみながら、河川を管理する国土交通省岡山河川事務所とも緊密に連絡をとり、避難情報発令のタイミングを検討していました。7月6日21時45分に、河川事務所より高梁川の日羽観測所（高梁川上流の総社市にある）で氾濫危険水位を超過し、水位の上昇が続くという情報が提供されました。雨が降り続くと小田川が氾濫すると予測されたため、22時に真備地区全域に「避難勧告」が発令されました。その後、22時20分には小田川洪水予報「矢掛（矢掛町）で氾濫危険水位に到達」という情報が出されたこと、倉敷市真備

表5・1　倉敷市による避難情報の発令と参考情報・判断基準

（出典：倉敷市検証報告（倉敷市、2019）に基づき作成）

日時		避難勧告など	対象地域	収集情報・判断根拠
7月6日	20：00			高梁川洪水予報第１号　日羽（高梁川・総社）で21時頃氾濫危険水位到達見込み
	21：38			ホットライン　岡山河川事務所長→市長（日羽で避難判断水位を超過した。今後も水位の上昇が続く）
	21：45			高梁川洪水予報第２号　日羽で22時頃氾濫危険水位到達見込み
	21：50			小田川洪水予報第1号　矢掛（小田川・倉敷）で22時頃氾濫危険水到達見込み
				ホットライン　市長→岡山河川事務所長（日羽の現在の状況について）
	22：00	避難勧告（洪水警戒）	真備地区全域	今後の雨量予測などから、小田川の水位が氾濫危険水位に到達する恐れがあると判断
	22：01			緊急速報メール　国土交通省より秦（高梁川・総社）で氾濫危険水位に到達
	22：20			小田川洪水予報第2号　（矢掛で22時頃氾濫危険水到達）
	22：28			ホットライン　市長→岡山河川事務所長（予測される最高水位を確認）
	22：35			ホットライン　岡山河川事務所長→市長（矢掛で計画高水位に到達）
	23：10			高梁川洪水予報第3号　酒津（倉敷）では23時頃氾濫注意水位に到達）
	23：45	避難指示（緊急）（洪水警戒）	真備地区の小田川南側	真備支所より、水位の上昇がこのまま続けば、小田川右岸（南側）から越流の恐れがあるとの報告があった
7月7日	0：00	避難勧告（洪水警戒）	高梁川左岸地域（中洲小・万寿小・倉敷東小・菅生小学校区）	高梁川の水位上昇が続き越流した場合に立退きが必要な人を対象
	0：30			小田川洪水予報第3号　真備町箭田付近（右岸）において氾濫が発生
	0：47			緊急速報メール　国土交通省より小田川右岸で越流発生
	1：30	避難指示（緊急）（洪水警戒）	真備町小田川北側	真備支所から高馬川の隣接地から異常出水発生との報告があったため
		避難勧告（洪水警戒）	足守川	
	1：40			高梁川洪水予報第４号　酒津（倉敷）では0時50分に氾濫危険水位に到達
	1：47			緊急速報メール　国土交通省より酒津（倉敷）で氾濫危険水位に到達
	4：00	避難指示（緊急）（洪水警戒）	真備地区全域・広江地区	直ちに高台に逃げること

支所からこのまま水位の上昇が続けば小田川から越流する可能性があるとの連絡があったことから、23時45分に真備地区・小田川の南側に「避難指示（緊急）」を発令しました。

このように、倉敷市は詳細に情報を確認しながら災害発生の切迫感が高まった段階で、夜間でも躊躇することなく情報を発令していました。それも小学校区・地区別という地域ごとに、きめ細やかに情報を出していました。危険が高まった1時30分には「避難指示（緊急）」を、市長自らが防災行政無線で直接呼びかけていました。

西日本豪雨における全国の市町村の避難情報の発令状況をみると、倉敷市と同様、被害に先駆け避難情報を出していたところがほとんどでした。それにもかかわらず甚大な被害がもたらされました。西日本豪雨後に国が実施した避難情報のあり方の検討会[*4]では避難をめぐる国の対策を大きく変える議論が行われました[(5)]。

避難情報については、「避難準備・高齢者等避難開始」「避難勧告」「避難指示（緊急）」の3段階になっており、本来であれば「避難勧告」で立ち退き避難しなければならないにもかかわらず、「避難指示」が出るのを待ってから避難しようと考える「情報待ち」の人がいることや、「避難勧告」と「避難指示」の情報の区別が難しいという課題が指摘されました。わかりやすい情報にするために、避難情報の見直しが行われ、「避難勧告」は2021年5月の災害対策基本法の改正により廃止され、現在は「避難指示」のみになっています。

また、これまでの防災では市町村による避難情報の発令のあり方を見直すという取り組みを中心に防災対策の検討が進められてきましたが、それだけでは住民が避難する気にはならないという問題が指摘されました。委員であった片田敏孝は、避難は行政から住民に「お願い」するものではない。行政は守る人で、住民は守られる人という認識を変えていく必要性があると指摘しています(6)。これは防災行動の主役が誰なのかを真摯に問う、問題提議でした。そして、一連の議論を通し、国の防災対策は大きく転換しました。これからの防災対策は住民が「自らの命は自らが守る」という意識を持って住民が主役となり取り組めるよう、行政はその取り組みをサポートするというように、行政から住民を主役とするための取り組みへと転換するという方針が示されました。

3 西日本豪雨（2018年）における住民の避難行動

(1) 住民の災害リスク認識

これまでは主に行政の取り組みをみてきましたが、地域に住む人々（住民）は市町村による避難情報を受けた時にどのように行動しているのでしょうか。ここでは住民の避難行動を倉敷市真備町で実施した調査から詳細に検討します。西日本豪雨の発生直後に地元の新聞社（山陽新聞）は被災した人々に質問票を用いたヒアリング調査を実施し、私もその調査に協力しました(7)（回答者１００名）。質問は大きく、①水害発生時の避難行動に関する項目（避難の有無、避難のきっかけなど）、②避難場所・ハザードマップなどの知識に関する項目（避難場所を知っていたのか、ハザードマップを知っていたのか、過去の被災履歴に関する知識）、③今後の避難生活に関する項目から構成されていました。ここでは、調査結果のなかから、第一に水害発生時の避難行動を、第二に避難場所・ハザードマップに関する知識を、第三に過去の被災経験に関する事項をみてみます。

第一の、水害発生時の避難行動ですが、回答者のうち立ち退き避難した人は58名であり、42名は自宅に取り残されたところを第三者により救助されていました。立ち退き避難した人の「避難のきっかけ」となった要素を示しているのが図5・4です。

避難のきっかけとして最も多い回答は「川の水位が上がってきたから」であり、次いで「携帯電話のエリアメール」でした。川に隣接したエリアということもあり、川の水位を気にしている人が多数いました。この回答は、雨や川の水位の状況を示す「周辺の環境変化」、近所や家族から避難を誘う「声がけ」、行政による「避難情報」に大きく区分できます。「周辺環境の変化」への認識が最も高く、次いで「避難情報」「声がけ」の順となっています。

その一方で避難しなかった人がなぜ避難しようと思わなかったのか、その理由を示しているのが図

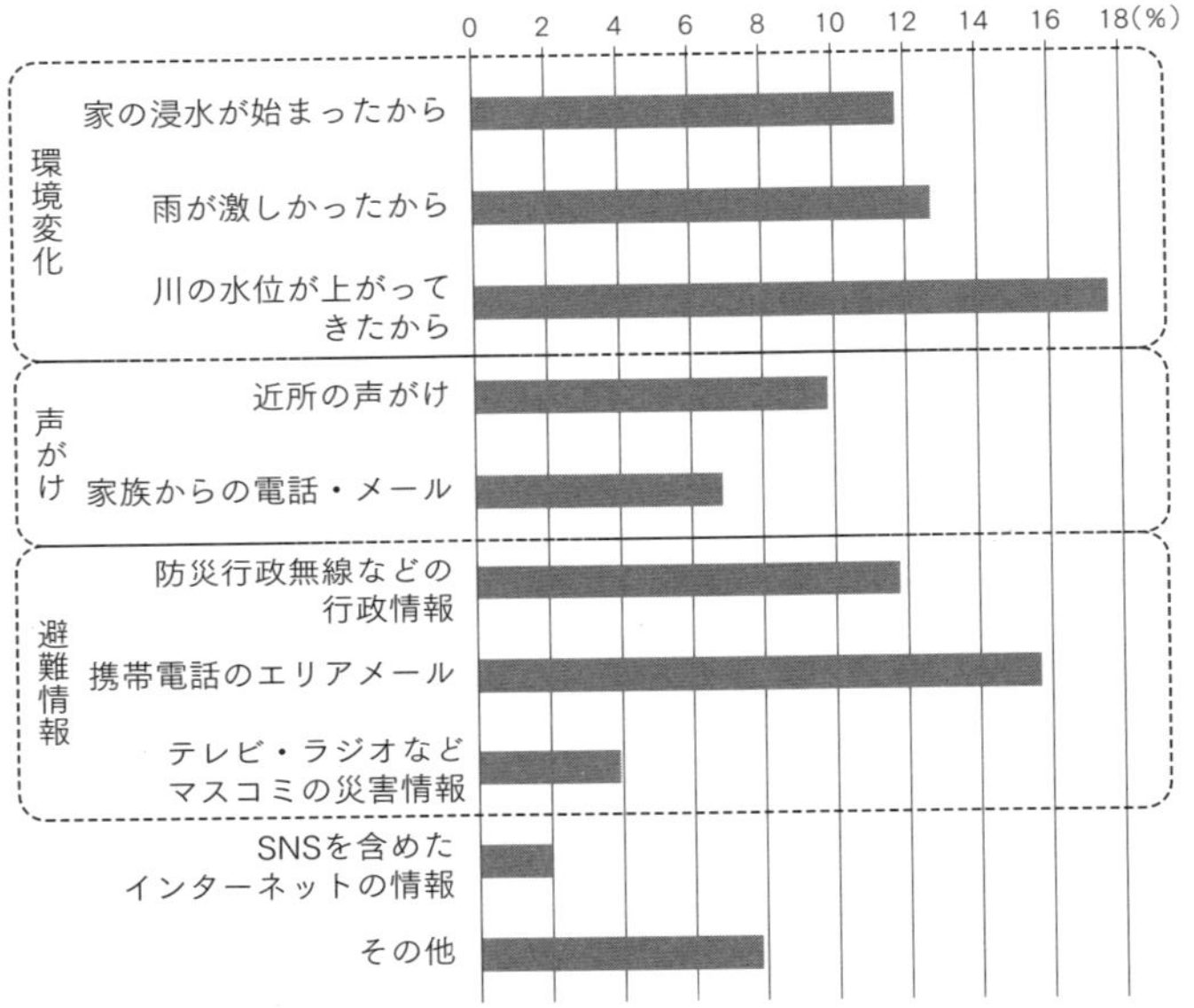

図5･4　避難のきっかけ（M/A n＝102）

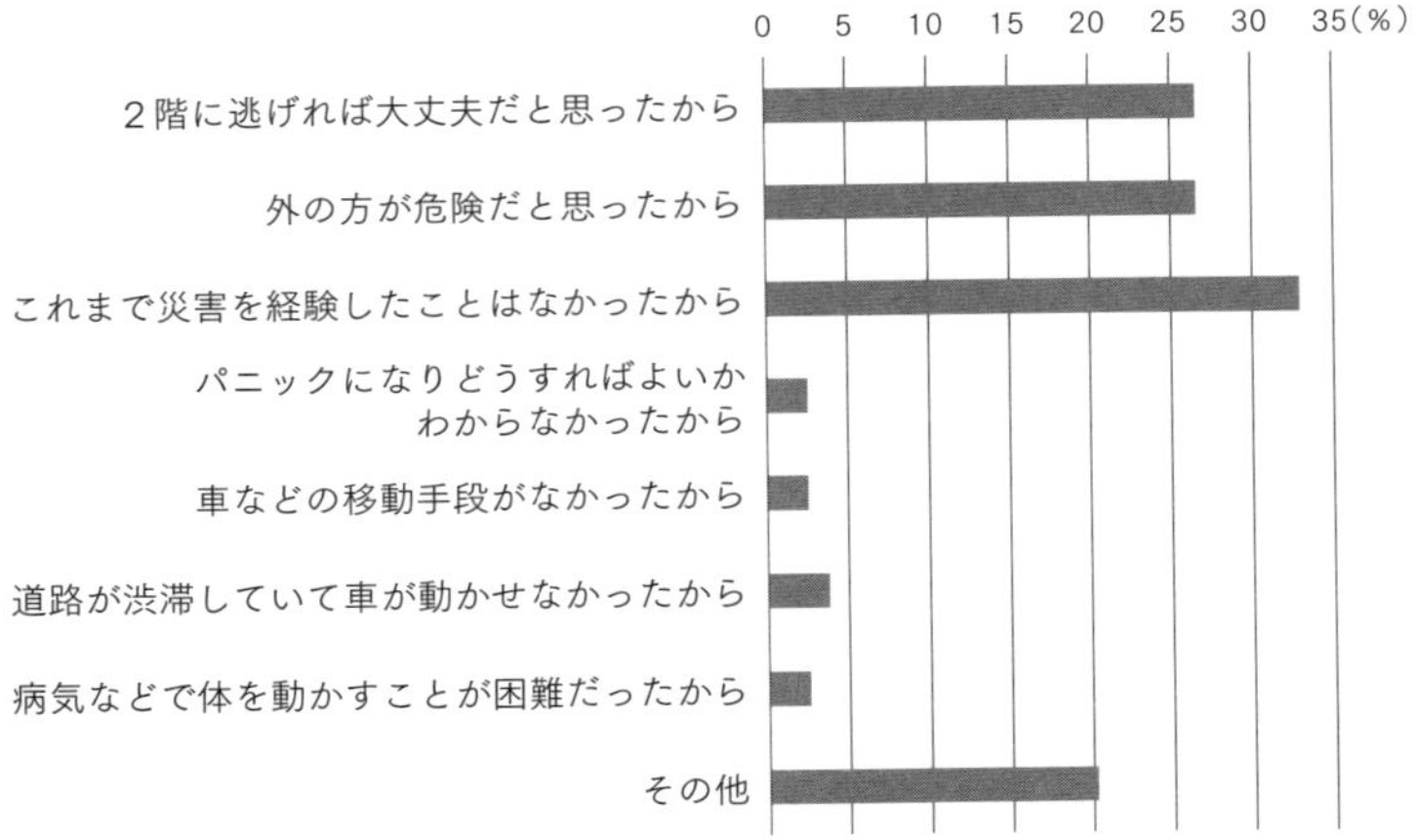

図5･5　避難しようと思わなかった理由（M/A n＝79）

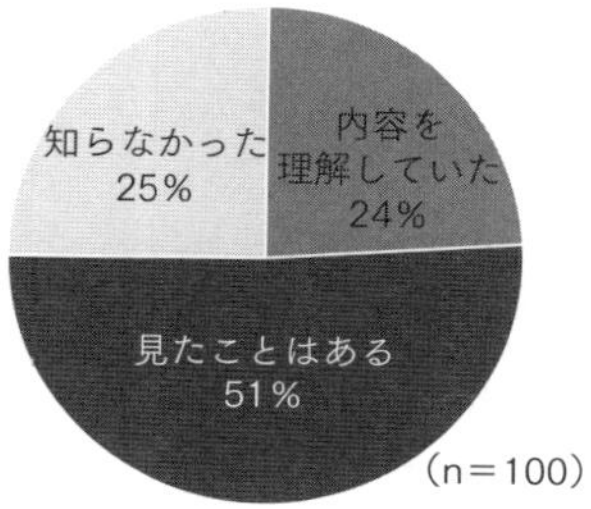

図5・6　地域のハザードマップを知っていましたか

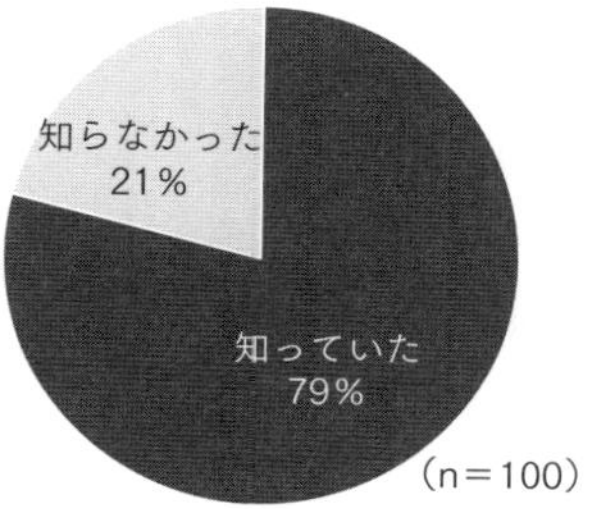

図5・7　水害発生時に自分が行くべき避難場所を知っていましたか

5・5です。最も多い回答は「これまで災害を経験したことはなかったから」でした。この回答からは、被災経験がないことが避難にネガティブに作用していることが伺えます。次いで「2階に逃げれば大丈夫だと思ったから」「外の方が危険だと思ったから」という回答でした。地域の人が自分の住むエリアの危険を過小評価していることが伺えます。

第二のハザードマップ・避難所の知識ですが、市は地域の住民に洪水氾濫の危険性を伝えるハザードマップを配布していました。「地域のハザードマップを知っていましたか」という質問の結果が図5・6です。ハザードマップの「内容を理解していた」人と「見たことがある」人を合わせると回答者の75%でしたが、「内容を理解していた」人は24%しかおらず、ハザードマップを見ていても内容を理解するには至らない人がいることがわかりました。また、災害時の避難場所についても「知っていた」人が79%、「知らなかった」人は21%でした（図5・7）。自宅が危険な場所にあるのかを知らず、いざという時の避難先を知らなければ避難することは困難です。

第三の過去の災害の知識についてですが、真備町は歴史をたどると、過去にも繰り返し浸水被害を受けています。江戸時代には水害から集落を守るために濃尾平野の輪中堤にも似た「神楽土手」が建設されました[8]。町内には過去の水害被害を伝える碑が複数あり、神楽土手に隣接する源福寺に建てられた水害碑には「空風火水地　明治二十六年大洪水溺死二百余霊追福之塔」と刻まれています（写真5・1）。また、今回の豪雨災害で堤防が決壊した末政川の横には「溺死群霊之墓」と刻まれた墓が建てられており、碑文には明治13年6月の豪雨により被害を受けたことが刻まれています（写真5・2）。

このような過去の水害について地域の人が知っていたのか、また備えていたのかを確認した結果が図5・8です。過去の災害を「知っていた」という回答は81％に上りその多くは40歳代以上の人でした。その一方で、過去の災害を「知っていたが備えていなかった」という人は68％に上っており、過去の被災経験を知っていても、対策に結びついていないという問題を示しました。

以上に述べた調査結果は、避難情報を伝える、ハザードマップを作成・配布する、過去の被災経験を伝えるという対策の限界を示しています。大規模浸水が想定されるエリアであり、被害発生の切迫感が高い段階で避難情報を発令していたにもかかわらず、避難しなかった人が回答者の半数以上を占めました。その理由としては「これまで災害を経験したことがない」と、災害情報よりも自分自身の経験が重視されていました。5メートル以上の浸水深が想定されたエリアであるのに、「2階に逃げれば大丈夫だと思った」「外の方が危険だと思った」と危険は過小評価されていました。ハザードマップは配布さ

写真5•2　溺死群霊之墓

写真5•1　源福寺に建てられた水害碑

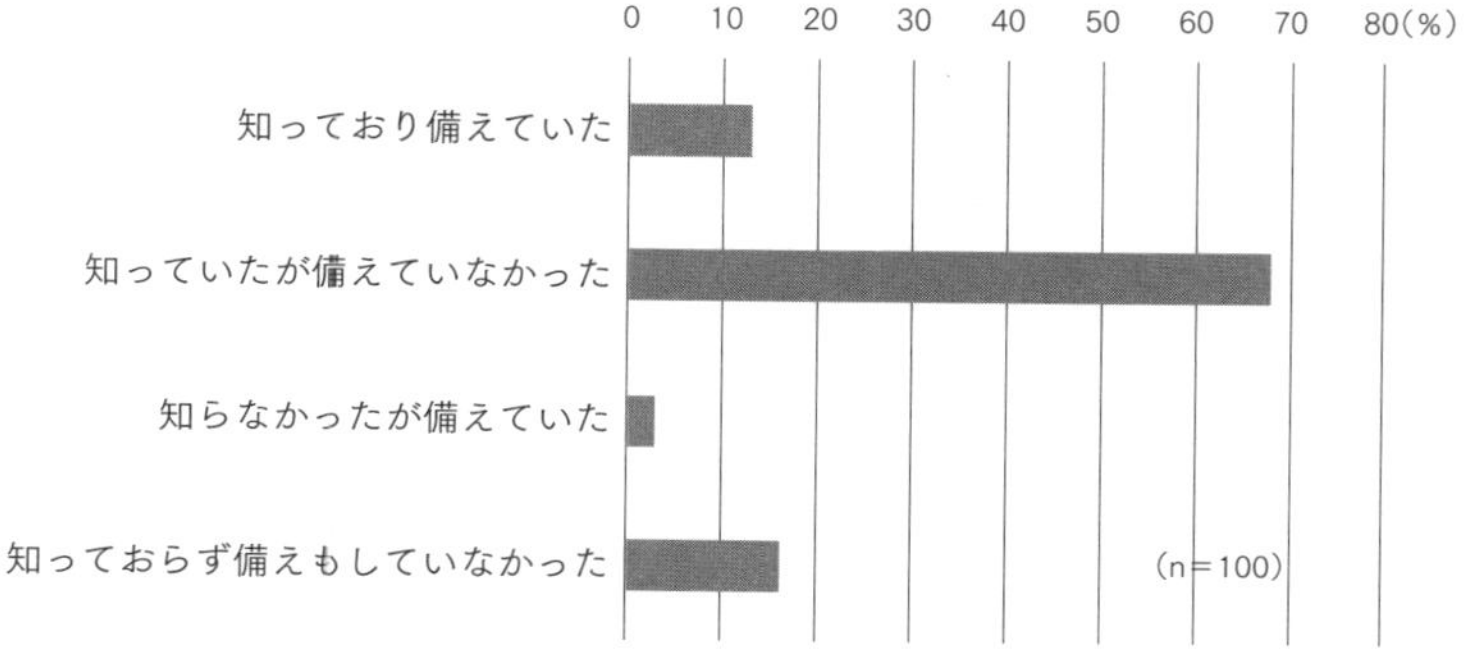

図5•8　過去の水害への備え（M/A）

れていたものの「内容を理解していた」人は24％のみでした。避難を促すには、避難情報を伝える、ハザードマップを配布する以外の方法を考えなければなりません。

（2）避難トリガーと避難行動

避難情報を受けた人はどのように行動していたのでしょうか。地域の人々の避難行動を詳細に把握するために、さらに詳細なヒアリング調査を行うことにしました。具体的には、人々が避難について検討を始める「きっかけ」となる要素（以下「避難トリガー」とする）に着目し、避難トリガーを認知してから避難を決めるまでの心理的な変化をたどることにしました。X軸を時間、Y軸を避難に向けた気持ちの変化として、「避難のきっかけ」となる要素（避難トリガー）を認知した瞬間を原点（0）、避難行動をとった段階を100として、避難をめぐる気持ちの変化を時間の経過とともにたどる「避難行動曲線（E-Act Curve, Evacuation Act Curve）」を描いてもらうという手法を用いて調査を行いました[9]（回答者18名）。

調査の結果、避難トリガーを受けた後、避難を決定するまでの気持ちの変化は以下のA～Cの3タイプに分かれました。

Aタイプ：徐々に避難する気になる人（ジワジワ型）

Bタイプ：急に避難する気になる人（急速型）

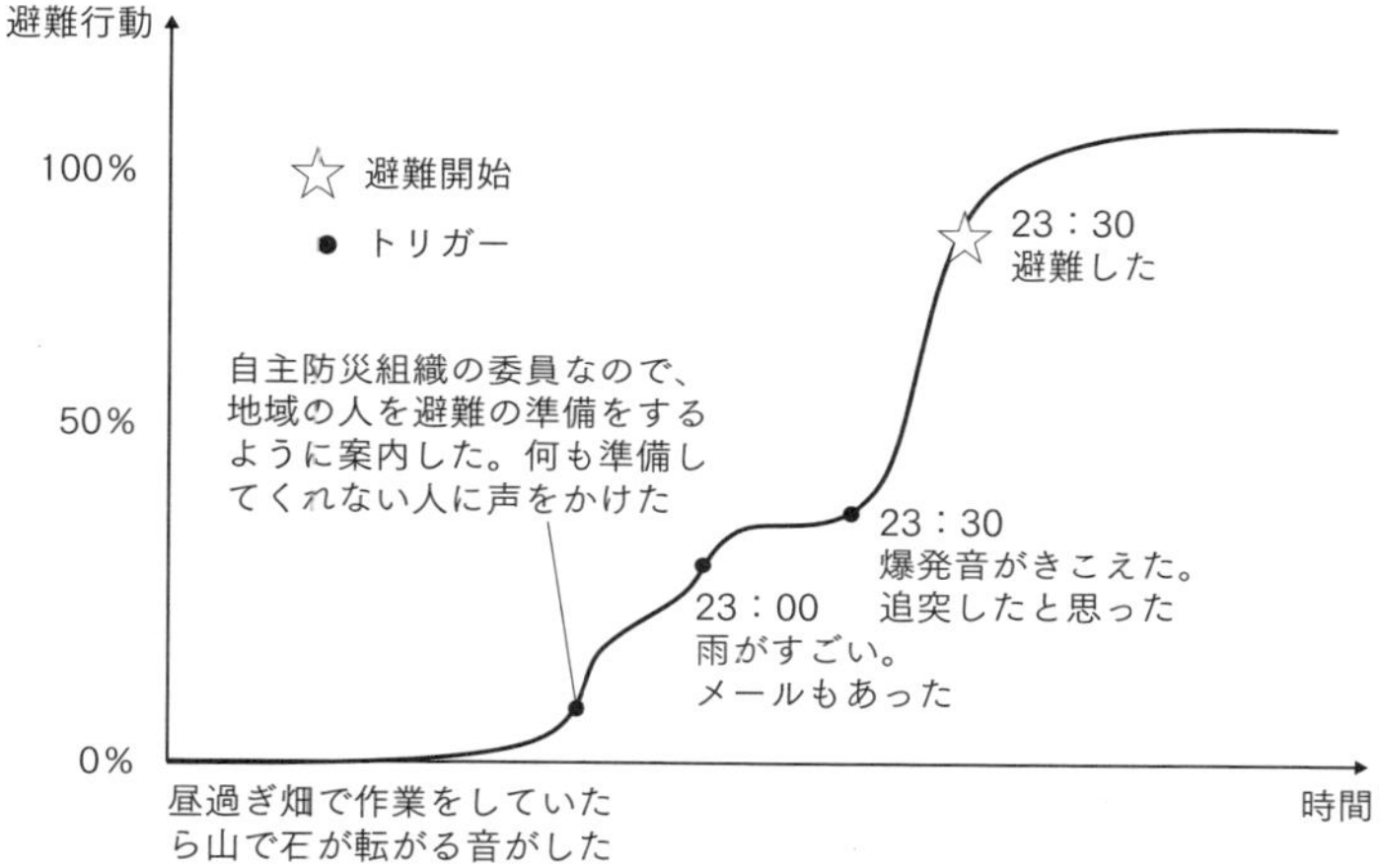

図5・9　Aタイプ（ジワジワ型）：徐々に避難意識が高まる人

Cタイプ：避難する気にならない人（無関心型）

Aタイプの人（ジワジワ型）は避難トリガーを認識したあと、時間の経過とともに「ジワジワ」と避難しようという気持ちになる人です。例えば、60歳代の男性Oさんの場合（図5・9）、「昼過ぎに畑で作業をしていたら石が転がる音がした」「16時すぎに家に戻る。石がカッチン、カッチンと転がる音がした」「自主防災組織の委員をしていることから、近隣の住民に避難してくださいと声をかけた」「23時ごろ。雨がすごい。メールもあった」「避難しようとして地域の人が準備をするのを30分ほど待った」「23時30分爆発音がした。追突したかと思った」「23時30分に避難した」と回答しています。Oさんにとっては、「石が転がる音を聞いた」ことが最初のトリガーであり、その後は周囲の状況変化を捉えながら徐々に避難する気が高まっていました。自主防災組織の役員だったので、周囲の人に避難の声かけを行いました。Oさんのようにジワジワと避難

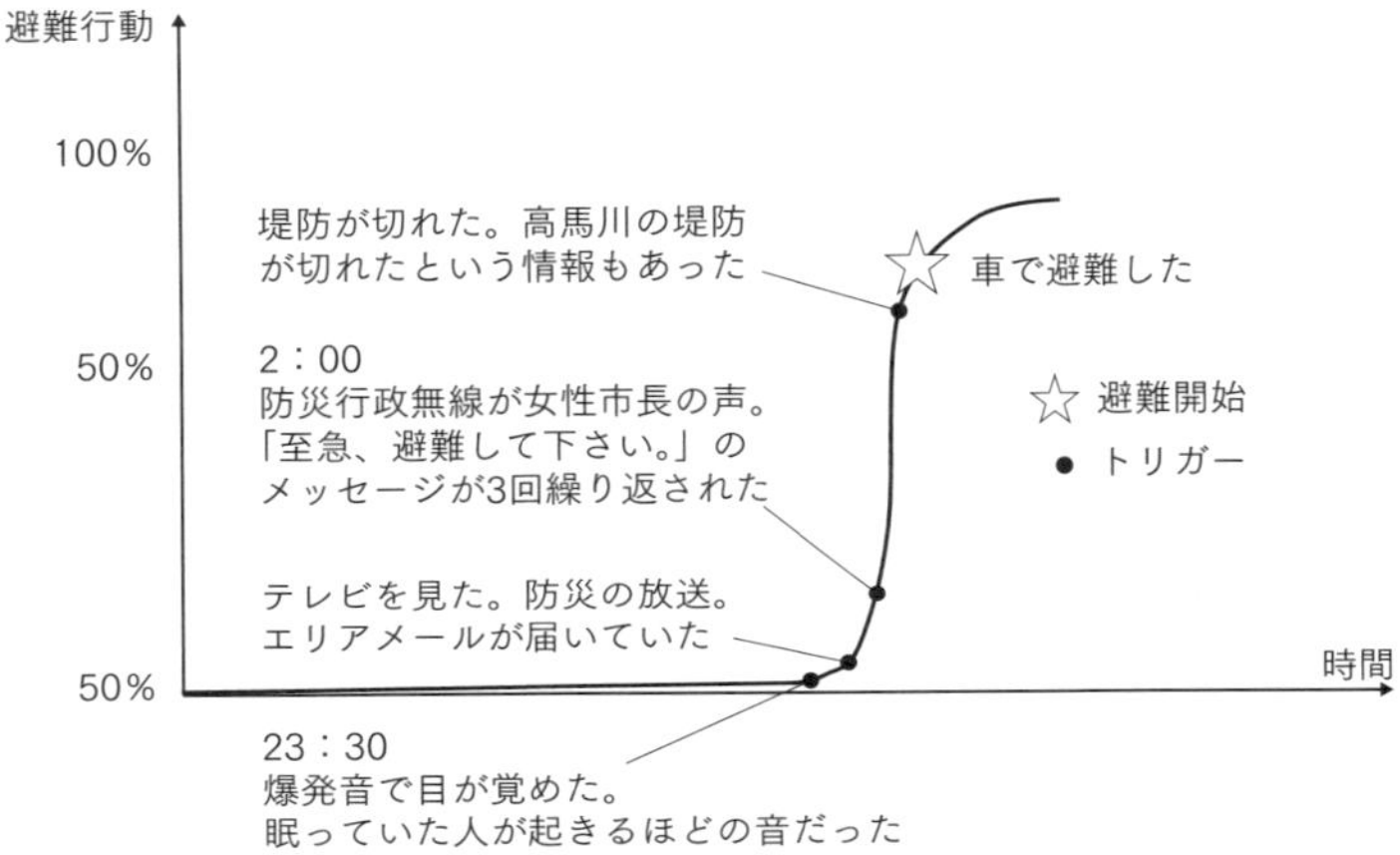

図5・10　Bタイプ：急に避難する気になる人（急速型）

意識を高めたタイプには、ハザードマップを見ている、防災訓練に参加するというように防災に関する知識を持っている人が多くみられました。

Bタイプ（急速型）は、何らかのきっかけで急に避難する気持ちになった人です。70歳代の男性Bさん（図5・10）は、寝ていたところを、高梁川沿いにあったアルミ工場が浸水により爆発した音で目を覚ましました。それが、最初のトリガーとなっていました。その後テレビやメールで情報を確認していました。1時30分に市長が防災行政無線で市長が避難するようとの呼びかけたことや、堤防が切れたという話を聞いたことにより避難を決めました。調査では、このように急に避難する気になった人が最も多くみられました。

Cタイプ（無関心型）は、トリガーを聞いても避難しようという気にはならなかった人です。80歳代の女性Cさん（図5・11）は、「20時頃には寝ていた。2階まで水が来

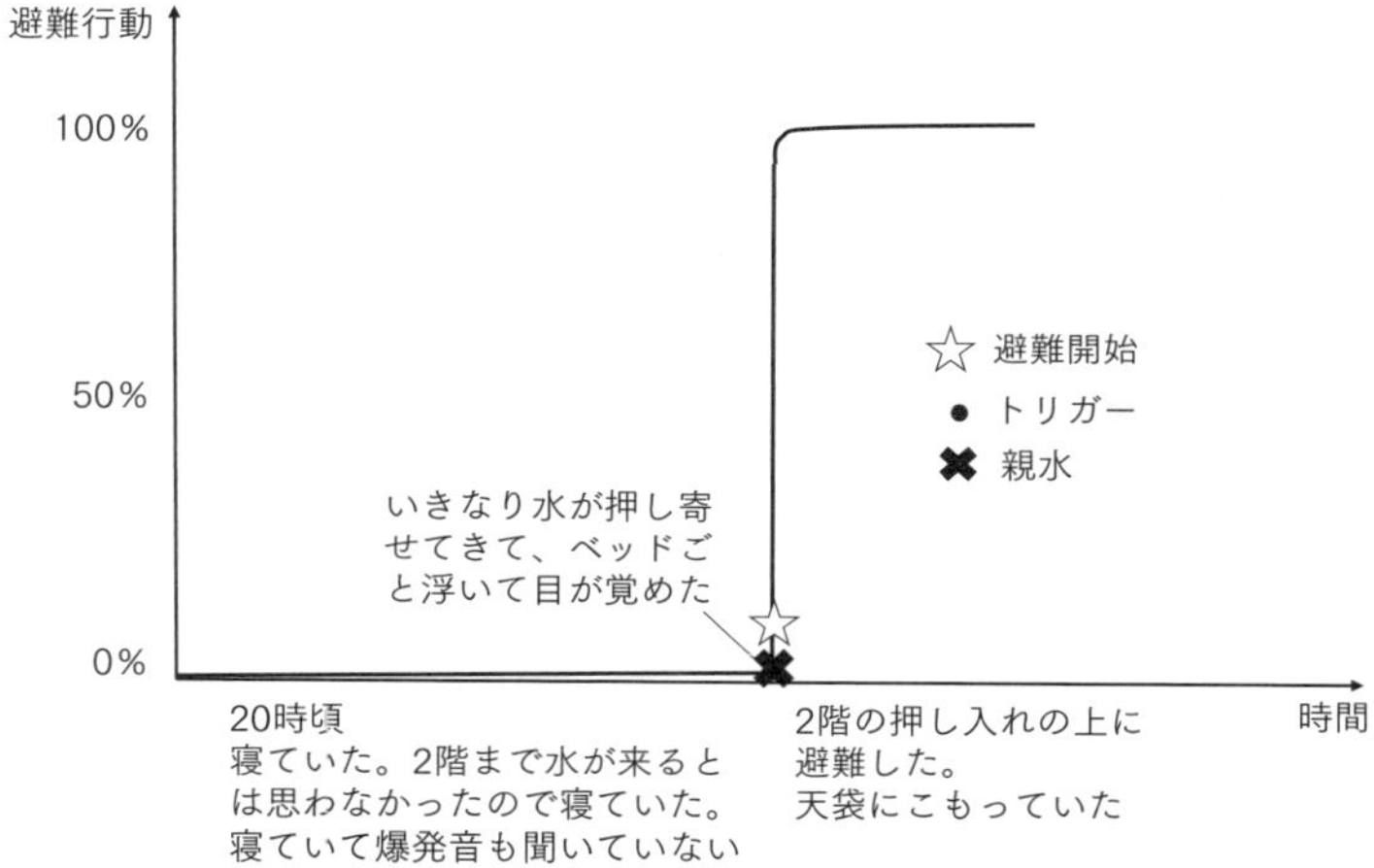

図5・11　Cタイプ：避難する気にならない人（無関心型）

るとは思わなかったので寝ていた」「寝ていて爆発音も聞いていない」「いきなり水が押し寄せてきて、ベッドごと浮いて目が覚めた」「あわてて2階の押し入れの上に避難して天袋にこもっていた」との回答でした。ベッドが水に浮くまで浸水に気づかなかったほど、避難の情報や周辺の環境変化を全く認識していません。なかには、認識していても避難する気にはならず被害にあった人もいました。

この豪雨災害時に、倉敷市は22時に「避難勧告」を、また23時45分に「避難指示」を出していましたが、回答者18名のうち「避難勧告」を聞いて直ちに避難した人は2名だけでした。避難勧告を聞いた後に速やかに避難した人は、あらかじめどのような情報が出されたら避難するのかを決めている人でした。11名はトリガーを認知してから避難を決定するまでの間にテレビで情報を得る、周辺の様子を確認する、隣近所や家族などと相談するというように情報の収集・確認を行っていました。避難した人のうち6名は、隣近所や家族・友人などの声がけにより避難を決めていました。避難トリガーを認知せずに被災した無関心型（Cタイプ）は5名でした。

この結果からは、避難情報を聞いた後に直ちに避難する人は少なく、多くの人は追加で情報を検索する、周りの人に情報確認するなどの行動をとっていることがわかりました。避難トリガーを認知した後に追加的に情報検索を行うのは、情報を確認することにより自らの行動を再定義し、状況に適応するためだと考えられます。[10] 被害が発生するかどうかわからない不確実な状況においては、どう行動すればよいか迷い、他人の行動を確認してから自分の行動を判断しようとします。従って、情報を受けたあとに、迷うことなく避難するよう、その決断を後押しするしくみが必要です。

4 避難スイッチをオンにするための取り組み

ここまで述べた避難トリガーと避難行動の関係を整理すると図5・12のようになります。避難情報、周辺環境の変化、家族や近所の人の声がけなどはいずれも避難が必要かどうか考え始める避難トリガーです。このような避難トリガーに接しても「避難しよう」という気にならなければ避難しません。その人の心のなかにある、「避難しよう」という気持ちになるスイッチのことを矢守らは「避難スイッチ」

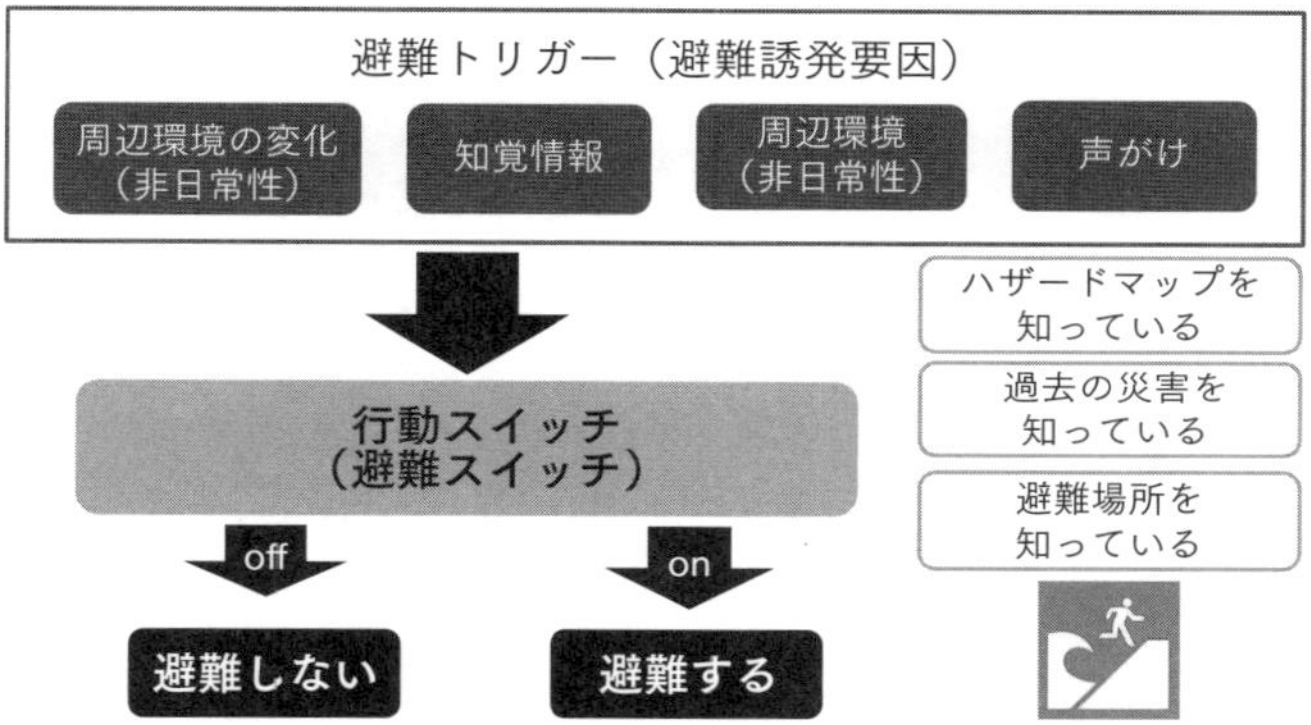

図5・12　避難トリガーと避難スイッチ

と呼んでいます。[11] 心のなかのスイッチを押さない限り避難は実現しません。これまで市町村が行っていた避難のための取り組みは、避難トリガーを充実させるものであり、避難スイッチを押すための取り組みも必要です。

それでは、避難スイッチを押すには、どのような取り組みが求められるのでしょうか。そのための方策としては、第一に、家族や隣近所の人などの周囲の人が避難を働きかける「声がけ」があります。前述の真備町の避難に関する調査では、避難トリガーを認知した後に情報を確認していた人が多く、半数の人は隣近所や家族・友人などの声がけにより避難を決めていました。このような避難を決断するにあたり、周囲の人の状況をみる、追加で情報を検索してから避難を決めるという情報確認の行動を取る傾向は、様々な研究に示されています。[12] 西日本豪雨災害において広島市が被災した人を対象に実施した調査では、豪雨災害時に「避難した理由」と「避難の決め手となった理由」を質問しています（図5・13）。「避難した理由」「避難の決めとなった理由」ともに最多の回答

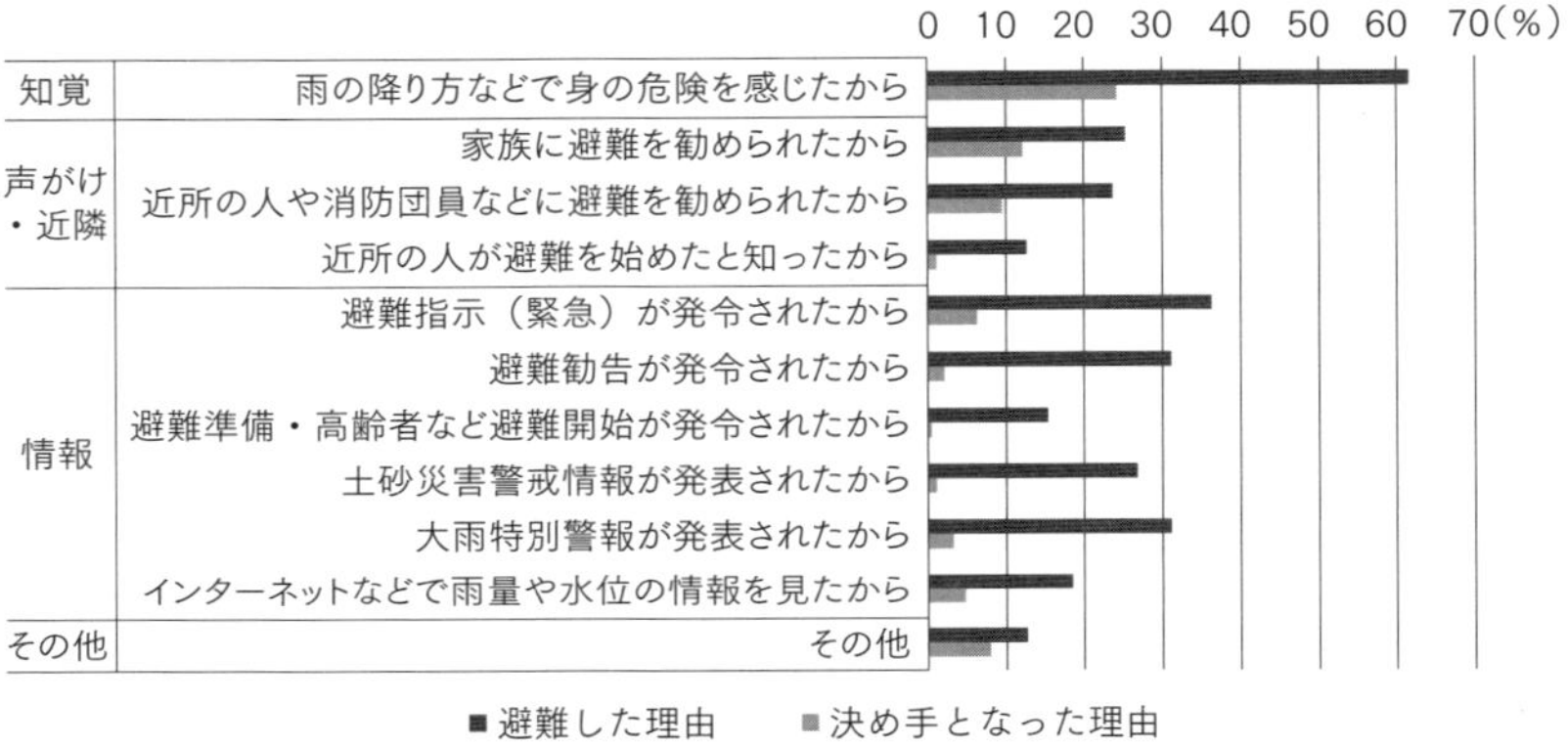

図5・13　避難した理由と避難の決め手となった理由（出典：広島市資料[13]より作成）

は「雨の降り方などで身の危険を感じたから」でした。いつもとは違う雨の降り方、すなわち身近な周辺環境の変化は避難を考え、決める要因となっています。ここで注目すべきは、次いで多い回答です。「避難した理由」は、「大雨特別警報が発表されたから」「避難指示（緊急）が発令されたから」というように災害情報です。これに対し、「避難の決め手となった理由」は、「家族に避難をすすめられたから」「近所の人や消防団に避難をすすめられたから」というように、家族や近所の人などからの「声がけ」です。つまり、避難情報は避難について考え始めるトリガーですが、避難を決めているのは身近な人からの「声がけ」です。

第二に、情報伝達手段を世代に応じて変えることです。冒頭にDXにより自然現象の観測・解析情報が高度化・精密化していることや、情報伝達手段も防災行政無線・テレビ・ラジオから緊急速報メール・SNS・インターネットなどへと変化していることに触れました。これらの情報への感度は、世代により異なります。令和元年（2019年）東日本台風により被害を受けた長野

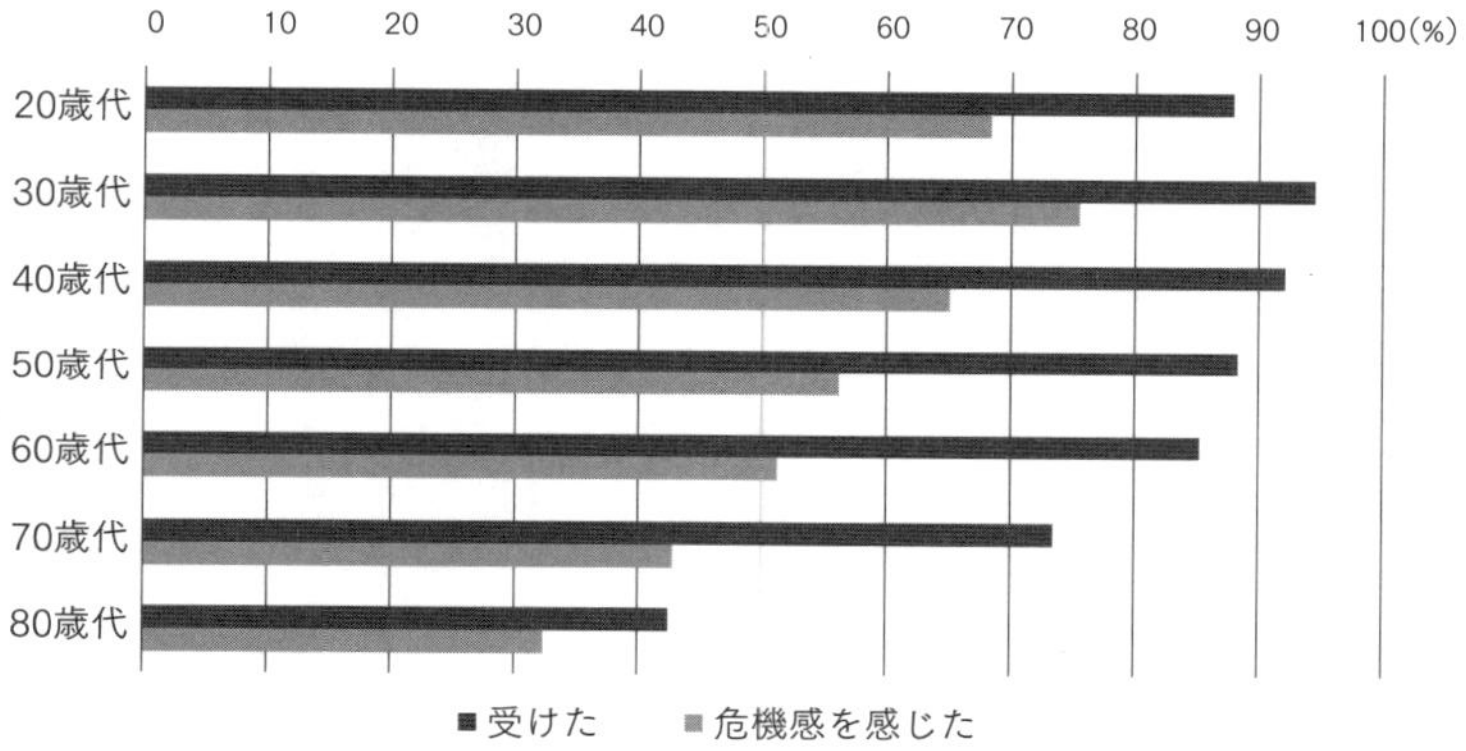

図5・14　「避難指示」に危機感を感じたか (n＝7158)

県須坂市と、地域住民の避難行動に関する調査を行いました⑭。この豪雨災害では、千曲川が大規模に氾濫すると想定されたことから、被害が発生する前に須坂市は「避難指示」を発令していました。その避難指示を「受けたか」また避難指示に対して「危機感を感じたか」を調べた結果が図５・14です。

避難指示を「受けた」人は４３７２名（81％）に上っていました。その一方で、情報に「危機感を感じたか」という質問に対する回答をみると「危機感を感じた」という人は全体で２６３５名（53％）であり、情報を受け取った人に比べ数字は低く、情報が危機感に結びついていないことがわかります。回答を年代別にみると、20歳代～60歳代のいずれの世代においても80％以上の人が情報を受け取っていますが、「危機感を感じた」という回答は20歳代～40歳代が多く、世代が上がるほど減少する傾向がみられます。つまり、若い世代ほど避難情報が危機感に結びつきやすく、逆に高齢者ほど避難情報は危機感に結びついていません。

情報への感度が世代による異なる点は、世代別のインターネットの利用率をみても明らかです。総務省によると50歳代までの世代のインターネットの利用率は98％以上（2020年時点）となっています。[15] 若い世代ほど普段から多様な情報にアクセスし、情報を活用して生活しています。そのためこれらの外的な情報への信頼は高く、避難情報が危機感に結びつきやすい傾向があります。そのため、避難情報を提供することが避難スイッチを「オン」にすることに結びつきます。その一方で、高齢者ほどインターネットや携帯電話の利用率は下がり、これらの情報に対する信頼が低くなります。これらの世代には、情報を提供するだけでは危機感には結びつきにくいといえます。

これらの人が何を決め手に避難を判断しているのかというと、前述の「周辺の環境変化」や「声がけ」という身近な情報です。従って、避難情報を身近な信頼できる情報へと変えていくための取り組みが求められます。例えば、第2節で述べた河川の場合は、浸水リスクを判断するための水位が事前に定められており、避難情報発令の基準となっていますが、そのことを知らない人がいます。そこで、地域住民で集まり自分の家の近くの河川の水位がどこまで到達すれば市町村から避難情報が発令されるのか、その時に地域としてどのように行動するのか、自分の目で河川の水位情報を確認しながら、地域の避難行動計画（コミュニティ避難タイムライン）を検討するという取り組みは、避難情報を身近な情報へと変えることにつながります。また、高齢者などの避難を後押しする「声がけ」のような仕組みを、地域ぐるみで構築することが避難を後押しします。

5
避難情報を住民の身近な情報とするために

本章では、災害時の避難について、市町村による避難情報の発令をめぐる取り組みと、避難情報の受け手である住民の避難行動の両側面から検討しました。２００４年の豪雨災害をきっかけに「避難情報に関するガイドライン」が整備され、市町村においては科学技術情報に基づく災害対応体制が構築されてきました。それにより、被害の発生に先駆け、避難情報が発令されるようになっています。ところが、地域の人は避難情報よりも、自分自身の経験や身近な情報に基づき状況を判断しています。避難情報を受けて直ちに避難しない人が高齢世代に多いのは、避難情報に対する感受性が低く、情報への信頼も低いためだと考えられます。

以上の議論をふまえると、住民が的確なタイミングで避難するには、避難情報をより身近で信頼できる情報へと変えていくための取り組みが求められます。それをどのように実践するのかを次章で考えます。

補註

＊1　最近のガイドラインは、内閣府（防災）『避難情報に関するガイドライン（令和3年5月）』（令和4年9月更新）

＊2　ここで示しているのは洪水予報河川の事例です。洪水予報河川とは水防法第10条第2項で定められる2以上の都道府県の区域にわたる河川、その他流域面積が大きく、洪水により重大な損害を生ずる恐れがあるものとして、国土交通大臣が指定する河川のことです。洪水の危険性がある時は国（国土交通省）が気象庁と共同して水位や流量を周知することが求められます。１０９水系が該当しています。水位周知河川とは、洪水予報河川以外の河川のうち、河川法（第9条の2）に規定する河川で、洪水により重大な損害を生ずる恐れがあるものとして指定したものです。水位周知河川については、洪水特別警戒水位を定めるとともに、その水位を超える場合は都道府県が周知しなければなりません（水防法第13条）。

＊3　「集中豪雨時等における情報伝達及び高齢者等に関する検討報告」（第7回）議事録より。
https://www. bousai. go. jp/kohou/oshirase/h17/050328gjji/pdf/23_gjjiroku. pd

＊4　中央防災会議防災対策実行会議「平成30年7月豪雨による水害・土砂災害からの避難に関するワーキンググループ」

参考文献

（1）田中淳「豪雨災害と高齢者―平成16年新潟・福島豪雨と福井豪雨を事例として」『季刊消防の科学』No. 78（２００４秋号）、pp.30-33、２００５

(2) 廣井修他「２００４年７月新潟・福島豪雨災害における住民行動と災害情報の伝達」『東京大学大学院情報学環情報学研究』調査研究編、２００５
(3) 集中豪雨時等における情報伝達及び高齢者等の避難支援に関する検討会「避難勧告等の判断・伝達マニュアル作成ガイドライン」２００５
(4) 倉敷市「平成30年７月豪雨災害対応検証報告書」２０１９
(5) 中央防災会議防災対策実行会議平成30年７月豪雨による水害・土砂災害からの避難に関するワーキンググループ「平成30年７月豪雨を踏まえた水害・土砂災害からの避難のあり方について（報告）」２０１８
(6) 片田敏孝『人に寄り添う防災』集英社、２０２０
(7) 阪本真由美「災害情報をめぐる住民のリスク認識に関する研究—令和元年東日本台風を事例として」『災害情報科学』49巻３号、pp.53-59、２０２０
(8) 内田和子「岡山県小田川流域における水害予防組合の活動」『水利科学』No. 320, pp.42-45、２０１１
(9) 阪本真由美、松多信尚、廣井悠、小山真紀「豪雨災害における住民の避難トリガーに関する考察—平成30年西日本豪雨における住民調査より」『自然災害科学』NO. 39-4, pp.439-457、２０２１
(10) Wood, M., et al., (2017) Milling and Public Warnings, Environment and Behavior. https://doi. org/10.1177/0013916517709561
(11) 矢守克也・竹之内健介・加納靖之「避難のためのマイスイッチ・地域スイッチ」『２０１７年九州北部豪雨災害調査報告書』京都大学防災研究所、pp.99-102、２０１８
(12) 及川康・片田敏孝「災害時における情報検索行動を考慮した住民避難行動の記述と避難誘導方策の考察」『災害情報』No. 15 (41)、日本災害情報学会、pp.1-15、２０１７
(13) 広島市「平成30年７月豪雨災害における避難対策検証報告書」２０１８

（14）阪本真由美「災害情報をめぐる住民のリスク認識に関する研究─令和元年東日本台風を事例として」『環境情報科学』49号（2020年）3号、pp.53-59、2020
（15）総務省「情報通信白書」令和3年度版、2021 https://www. soumu. go. jp/johotsusintokei/whitepaper/r03. html

第6章

地域住民と自治体による
コミュニケーション型防災

1 誰が主役となり防災を進めるのか

誰が防災の主役となるのかに着目した言葉に「自助」「共助」「公助」があります。これまで述べてきた市町村による防災の取り組みは公的セクターによる支援（公助）です。公助は災害対応において大きな役割を担いますが、第4章で述べた避難所の運営や、第5章で述べた災害時の避難のように、公助だけでは対応が難しいこともあります。災害の危険が身に迫る時には、住民一人一人が自らの命を守るための行動を取る自助や、自分の力だけでは避難が困難な人を地域コミュニティで支援する共助が重要です。

それにもかかわらず、住民の多くはいざという時には市町村が助けてくれるのでは、と公助に高い期待を寄せています。(1) 地域による共助の力を防災政策に生かすために、2013年の災害対策基本法の改定により「地区防災計画」が導入されました。具体的には、「地区居住者は、共同して、市町村防災会議に対し、市町村地域防災計画に地区防災計画を定めることを提案することができる」（災害対策基本法第42条の2）と定められています。これは、画期的な仕組みです。地区防災計画制度ができたことにより、これまで行政の取り組みが地域の実状に合っていないのではないかと違和感を感じていた人も、自分で地域の実情にあった防災計画を立案し、行政に提案することができるようになるからです。市町村の防災会議は、地域から地区防災計画の提案があった場合は、地域防災計画に地区防災計画を位置付けることを検討しなければなりません。*1 このような、住民参加型の防災政策立案の仕組みは日本では初めての試みです。それだけ防災政策における公助と共助との連結性が期待されているといえます。(2)

地区防災計画における「地区」とは、小学校区・町内会・自治会など、居住する地域を核としたコミュニティ（以下「地域コミュニティ」）のことです。これら地域コミュニティの共助を重視しているのは、日本特有です。貧富の格差や民族の多様性が大きいアメリカでは、災害対応は基本的に公助と自助との関係からなっており、公助の至らないところを災害対応の専門スキルを持つボランティアチームなどが支えるというように、自助の延長上に共助があります。*2 これに対し、日本では自分が居住する地域を基本として、地域の「公共」のために住民がボランタリーに活動を行います。このような共助の仕組みが構築された背景には、近隣住民による支え合いが「五人組」「十人組」という形で制度化されてきた歴史があります。この点については第2節で詳述します。

しかしながら、近年の都市化、核家族化、単身世帯の増加、女性の社会進出、高齢者の就労機会の増加というようなライフスタイルの変化は、地域コミュニティ活動にも影響を及ぼしており、コミュニティ活動の参加者が減少する、高齢化・固定化するという課題がみられます。(4) かつては地域コミュニティが担っていた活動、例えばコミュニティセンターの運営や地域清掃活動、市町村広報誌の配布などの活動が事業化され、民間組織（企業やＮＰＯなど）に委託されている事例もあります。このような変化は、共助にも影響を及ぼしており、コミュニティの「衰退」ともいえる状況が見られます(5)。共助が機能しなくなると、自助もしくは公助により災害に対応せざるを得ません。とはいえ、ここまで述べてきたように公助による災害対応には限界があります。現在の地域コミュニティは、共助が消滅するか再活性化するかという岐路にあります。

それでは、どうすれば共助を活性化することができるのでしょうか。本章では、災害時の地域コミュニティの自治構造（コミュニティ・ガバナンス）に着目し、近年発生した災害の事例分析からその特質を明らかにすることにより、活性化のための方策を考えます。第２節では、西日本豪雨（２０１８年）により被災したコミュニティを事例に、災害時の地域コミュニティの役割を検討します。分析からは、災害時の地域コミュニティは、多様な領域において平常時とは異なる活動を展開していることがわかります。

とはいえ、可能であれば災害を経験する前に、コミュニティを活性化させて被害を軽減したいものです。そこで第３節では地区防災計画の実践事例からコミュニティ活性化の方策を検討します。第４節では、防災政策に住民の参加を促し、共助を活性化させるのに有効なコミュニケーションのあり方を検討します。

2 災害時の地域コミュニティの役割

(1) 倉敷市真備町岡田地区による災害対応

ここでは、災害時に地域コミュニティがどのような役割を担っているのか、西日本豪雨で被災したコミュニティである岡山県倉敷市真備町岡田地区の事例を検討します。同地区は、真備町北東部の高梁川西側に位置しており（図６・１）、52地区（小地区）から構成される、１４７４世帯、人口３９０５人の地区です（令和4年6月時点）。西日本豪雨では、地区の南側が大規模に浸水しました。

地区の人々は、被災経験を災害に強いまちづくりに生かすために、被災経験を「岡田を災害に強いまちに」という冊子にまとめました（図６・２）。冊子は、災害発生直後の避難に関する取り組みをテーマとした「にげる」と、避難生活や地域の災害復興プロセスにおける取り組みをテーマとした「いきる」があります。いずれも同コミュニティの取り組みを詳細に伝えていることから、これらの冊子から災害時のコミュニティの役割をみてみましょう。

なお、岡田地区には地区の自治組織としては、まちづくり推進協議会、町内会、自主防災組織、地区

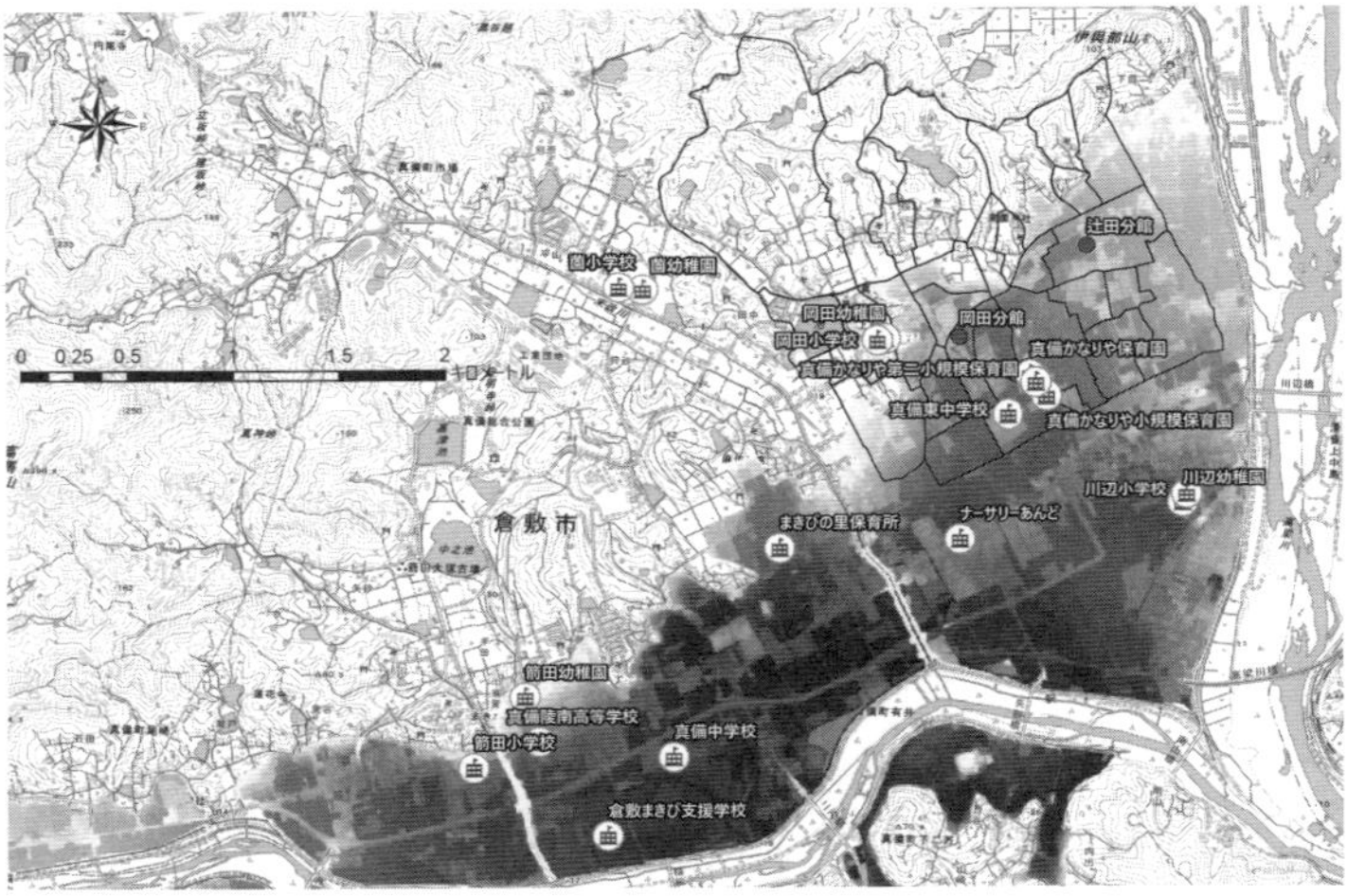

図6･1　岡田地区と西日本豪雨による浸水範囲
（出典：国土地理院による浸水推定図より作成）

図6･2　岡田を災害に強いまちに「にげる」と「いきる」

社会福祉協議会などがあります。ここでは、これら自治組織の役員を「地区役員」、地区に住む人々を「地区住民」、岡田地区全体（地区役員・地区住民を含む）を「地域コミュニティ」と位置付けます。

災害時に地区がどのような活動をしていたのでしょうか。２０１８年7月6日、豪雨のなかで倉敷市から「避難準備情報」が発令され、翌7日7時頃に浸水するまでの間の地区の活動としては以下の内容が挙げられています。

・避難の声がけ
・一人暮らしの高齢者などへの連絡と避難の呼びかけ
・避難所対応支援
・炊き出し（買い出し・準備）
・避難車両の誘導
・学校校舎の利用のための調整
・避難所物資の確保（公民館より物資運搬）

また、被災後の活動としては以下の内容が挙げられています。

・避難所運営
・ボランティアセンター・サテライト設置・運営
・在宅避難者への情報提供

・在宅避難者への支援物資の提供
・地域のイベント
・被災経験の検証
・復興やまちづくりについての会議の開催

これらの活動は、いずれも地域コミュニティによる自主的な活動です。これらの活動は、大きく3つの機能を担っていました。第一に地域住民の避難や避難生活を支える「サポーター」、第二に地域住民と外部（行政／民間）からの支援をつなぐ「コーディネーター」、第三に地域の災害対応・復興政策を主体的に進める「アクター」です。以下にその詳細を述べます。

（2）地域コミュニティの機能

①サポーター

第一の「サポーター」ですが、地域コミュニティは、災害発生直後は地区住民の避難支援を、その後の避難生活では地区住民の暮らしを支えるために多様な活動を行っていました。災害時に地区役員が取り組んだこととしては、以下の点が挙げられます。

第一に、避難行動要支援者への支援です。岡田地区で災害時に支援が必要な人（避難行動要支援者）として名簿に掲載されていた人は１８０名でした。これらの人が避難できるよう、役員６名が手分けして電話連絡や声がけを行いました。なかには、連絡しても避難しようとしない人や、自力での移動が難しく車で避難所に役員が連れていった人もいました。

第二に、避難所運営の支援です。災害時に避難所として指定されていたのは、高台にある小学校の体育館でした。市の地域防災計画において、災害時に体育館に避難すると想定されていた人数は１８０名でした。ところが、実際に避難した人は想定をはるかに上回り、約2千名が避難しました。避難所には市の職員2名が派遣されていましたが、これらの職員だけでは対応は難しく、地区役員も避難所対応に追われました。

避難した人の多くは車で避難しました。小学校校庭に駐車しましたが、20時頃には駐車スペースが満車になりました。地区の役員は、車で避難してくる人たちのサポートにも取り組みました。体育館が避難した人であふれたので、体育館の中に入ることは難しく、廊下や通路で過ごした人もいました。教室を利用させてもらう必要がありましたが、それには学校関係者に確認して使用許可を得る必要がありました。豪雨が激しくなったのが金曜の夜だったこともあり、学校関係者とはなかなか連絡が取れませんでした。深夜12時過ぎに、地区役員が連絡を取ることができ、教室への避難が可能になりました。

体育館には、避難者全員分の備蓄物資がなかったことから、地区役員が公民館にある座布団を小学校に運び、食料の買い出しに出かけ、公民館で炊き出しの準備を行いました。このように地区役員は、住民のサポーターとして尽力しました。

②コーディネーター

第二に、被災した住民と外部からの支援とをつなぐ「コーディネーター」という役割です。浸水した家屋には泥が入り込み、水に浸かった家具が散乱し大変な状況でした。住民からは自宅の家具などを片付け、泥を清掃するためにボランティアに来てほしいと希望する人が多くいました。地区住民間の助け合いもありましたが、自宅を片付けるには多くの人手を必要としました。倉敷市は7月11日に災害ボランティアセンターを設置しており、全国から多数のボランティアが支援に訪れていましたが、岡田地区にはボランティアの派遣はほとんどなく、どうすれば住民のニーズをボランティアにつなぐことができるのかが模索されました。そして、倉敷市社会福祉協議会との協議・調整を経て、7月21日頃に岡田公民館にボランティア活動の拠点としてボランティアセンター支部（以下「サテライト」）が設置されました（写真6・1）。

サテライトでは、住民のボランティア・ニーズの取りまとめ、全国から集まるボランティアの受け入れと活動現場への送迎、活動を終えたボランティアへの飲み物などの提供、地域の情報（被災情報や地理情報）の提供などの活動が行われました。地区役員だけでは、サテライトの運営が難しかったことから、サテライトの運営に対する住民の協力を募り、被災していない地区の住民40名以上がボランティアとして支援しました。

写真6・1　岡田地区ボランティアサテライトの様子
（提供：岡田地区まちづくり推進協議会）

③アクター

第三に、復興や防災まちづくりなどのコミュニティ活動の主体（アクター）としての役割です。災害発生直後は、地区住民は自宅の清掃、避難所対応、ボランティア・サテライトの運営に追われました。９月頃になるとそれらの活動も落ち着いたことから、徐々に地区の自治活動を再開していきました。自治活動には、地区の復興方針の検討や被災経験の振り返りなどの被災に伴う活動と、地域活性化のための活動とがありました。

前者については、倉敷市により復興方針を検討する場が設定され、地区住民の意見を取りまとめ、地区代表者が参加しました。また、地区独自の取り組みとして被災経験の検証と防災対策を検討するために「岡田を災害に強いまちにする会」（２０１８年９月21日設置）、「真備・岡田の復興再生を考える会」（２０１９年１月～２０２０年10月。その後「真備創生の会」に改称）が設立され、２０２１年7月からは被災経験を生かして災害に強いまちにするために「地区防災計画」の策定が行われています。

後者については、子どもたちを元気づけるための「ミニ夏祭り」（２０１８年8月4日実施）、地域の高齢者の交流の場としての「歌声喫茶」（２０１８年9月16日再開）、「秋祭り」（２０１８年10月13日再開）というように、被災前から実施されていたイベントが徐々に再開していきました。

（3）災害対応からみるコミュニティ・ガバナンス

以上に述べたように、災害時に地域コミュニティは「サポーター」「コーディネーター」「アクター」という機能を果たしていました。これらの地域コミュニティによる共助を、住民（自助）、行政（公助）、外部支援（外助）とのかかわりから整理すると図6・3のようになります。地域コミュニティは、地域という「公共」のために官民問わず多様な主体をつなぎ、住民の合意形成を行う主体（アクター）となっています。

このような、災害時の地域コミュニティには、以下の特徴がみられます。第一に、地区の役員が合意形成において重要な役割を担っている点です。地区役員の多くはその地区の居住者であり、なかには被災している人もいますが、役員としてボランタリーに地域コミュニティの合意形成にかかわります。第二に、地区役員の多くは町内会、自主防災組織、民生委員など複数の役割を担っており、重層的に地域

図6・3　災害時の地域コミュニティの役割

活動とかかわっています。第三に、地区役員／地区住民との間では、中心となり活動を展開する人／それに基づき活動する人、支援する人／しない人という構図がみられます。

なお、災害時に地域コミュニティが担う役割は、平常時に地域コミュニティに期待される活動とは異なります。一般に、市町村が地域コミュニティに期待する活動内容としては、「地域の催事・イベント」「清掃美化、ゴミ・資源、環境保全」、「行政からの連絡事項の伝達」「住民相互の連絡」などが挙げられます[6]。これらの活動は、主に行政による施策を地域住民に伝える、地域住民間をつなぐというような公助を補完する役割です。これに対し、災害時には公助を補完するのみならず、地域全体の問題解決のために多様な主体と連携しながら、地区の合意形成を行います。

災害時に地域コミュニティが特殊な自治機能を発揮する理由としては、以下の点が考えられます。第一に、公助による対応の限界と共助の必要性が認識される点です。例えば、避難所には市の職員が派遣されてはいたものの、職員だけでは対応しきれないほど膨大な業務がありました。多数の人が避難する避難所を運営することは市の職員にとっても初めての経験であり、災害発生直後はうまくいきませんでした。避難所環境が改善できたのは、災害からほぼ1週間が経過してからであり、避難所対応の経験が豊富なNGOの支援を得て、地区住民／行政／ボランティアなどによる運営会議が開催され、互いにできることを生かした取り組みが始められました。

第二に、自分が住むコミュニティへの愛着と帰属意識です。地区が作成した冊子「いきる」の表紙には「もう帰りとうねー思ようたけどやっぱり真備がええなー」という言葉が書かれています。冊子に掲載されている地区が実施したアンケート調査（2021年5月実施）においても、「復興過程において良かったこと、嬉しかったこと」として、「家族の絆が強くなった」「近所付き合いがよくなった」「親戚付き合いがよくなった」「地域行事に参加するようになった」という記述がみられます。良好な人間関係は、地域の愛着と密接にかかわっています。被災したことにより、コミュニティへの帰属意識が高まり、家族や近所の人との関係性の大切さが認識されたことが、コミュニティの自治にも影響を及ぼしたと考えられます。

第三に、岡田地区が、かつては独立した行政区であったという歴史です。岡田地区は、江戸時代には岡田藩（備中下道郡岡田藩）として栄え、1952年に真備町に、その後2005年に倉敷市に合併されました。地区の活動拠点となっている公民館には、真備町に合併されるまでの歴代の岡田村長の写真が飾られており、地区ではその歴史が大切に語り継がれています。そのような歴史が、住む人の自治と連帯意識に影響を及ぼしていることが考えられます。

（４）歴史から考える地域コミュニティの共助

なぜ、災害時に地域コミュニティが特殊な自治機能を発揮するのか、本節では、日本の災害対応の歴史から考えてみます。災害時に地域住民が助け合う共助という概念が、いつ頃に成立したのか文献をたどると、江戸時代にさかのぼることができます。

江戸時代の米沢藩（現在の山形県）の藩主であった上杉鷹山（１７５１～１８２２）は、「伍十組合の令」という布告を出しています。これは五人組、十人組、一村、五ヶ村というような、隣近所を核とした助け合いの仕組みであり、災害対応についても「もしも一村が災害で成り立たない危機におちいったならば、隣村はなんの援助も差し伸べず傍観していてよいはずがない。五ヶ村組合の四ヶ村は、喜んで救済に応じなくてはならない」と述べています[7]。

明治時代に活躍した小説家のラフカディオ・ハーン（小泉八雲）は、『神国日本』のなかで、日本の地域社会の構造に触れています[8]。地域社会は組（だいたい5戸。地方によっては6戸～10戸からなるものであり、一人を頭目と選出する）から構成されており、各組には、各自みんなが守るべき行為の規則をまとめた「組帳（組の規約）」があり、そこには、道徳上の規約に加え、義務としての規約も記載されている。その一つに「出火の際は、各自皆手桶に水を汲み、即刻火元へ駆けつけ、火消役人の指揮の下に、消火につとめること……現場に不参のものは不届き至極として断じられる」と述べています。

安政南海地震（1854年）を題材とした物語であり、その後、学校教科書の教材となったことで知られる「稲むらの火」の原著にあたる「生け神様（A Living God）」においても、災害や緊急時の共助は、全ての地域の義務のなかでも最も厳しいものであった。特に火事の時は全員が出来る限りの支援を行うことが求められた。子供でさえこの義務の例外ではなかったとの記述がみられます。(9) これらの事例は、いずれも隣近所という地域コミュニティを中心とする共助が災害対応の仕組み、規範、そして制度として運用されていたことを示しています。

江戸時代には地域コミュニティごとに米などを備蓄して災害に備える仕組みもありました。当時は食料備蓄の仕組みとして、政府が市場の価格調整や備蓄のために設ける「常平倉」、富裕層の義援や課徴により穀物を貯蓄し政府が管理し提供する「義倉」、地域住民が協力して穀物を備蓄する「社倉」という三倉がありました。(10)「常平倉」や「義倉」は行政が備蓄米を管理する仕組みであるのに対し、「社倉」は地域コミュニティが管理運営する仕組みであり、米麦の収穫があった時は一定量を備蓄しておき、その代わりにそれまで納めてあった備蓄を貧富の格差に応じた利息で貸し与え、災害時にはそれを無償で提供するものでした。

姫路藩（現在の兵庫県姫路市）では、社倉として「固寧倉《こねいそう》」という倉庫が建てられました。これは、地区の庄屋の提案を藩政府が政策として導入したものです。(11) 固寧倉の設置を希望する村（数ヶ村）は、設

写真6・2　固寧倉

置を藩政府に申し入れ、それぞれの地域の収穫高や貧富の差などを考察して設置が決められました。固寧倉は、姫路藩内で288ヶ所設置されました（写真6・2）。固寧倉があったことにより食料が各地区において分散備蓄・管理されていたため、天保の飢饉（1836年～37年）の際も姫路藩では餓死者を出すことがありませんでした。

このように、地域コミュニティによる共助は、江戸時代には「布告」「組帳」として制度化され、「社倉」という財政面から支える仕組みも整備されました。ところが、五人組、十人組は、第二次世界大戦後には廃止されます。その背景には、第二次世界大戦中に政府がコミュニティ統制の仕組みとして活用されたという事情があります。[*3] 配給切符の割当、防空活動、資源活動はこのような仕組みを活用して実施されましたが、住民活動を監視し、制約する側面も強かったことから、終戦後に解体を命じられました（昭和22年政令15号）。その後は、小学校区を単位として町内会・自治会などのコミュニティの形成が行われました。

現在の地域コミュニティは、行政の情報を伝えるとともに、地区の環境整備や子育て支援などの緩やかな自治活動を展開する場となっています。とはいえ、前述の岡田地区の災害対応の事例からは、コミュニティにおける共助は潜在しており、災害という危機的な状況に直面することが、薄れつつある共助を再認識させるきっかけとなっています。

3 地区防災計画により地域コミュニティを活性化する

（1）岐阜県下呂市小坂町落合地区の実践

前節では、災害という緊急事態に直面することが、地域コミュニティに潜在する共助を再認識させることを示しました。とはいえ、現在の災害対応は公助への依存が大きくなっており、かつては機能していたはずの共助を再活性化させるための取り組みが求められます。本節では、どうすれば地域が災害対応の主役となるのか、地区防災計画の実践事例から考えます。

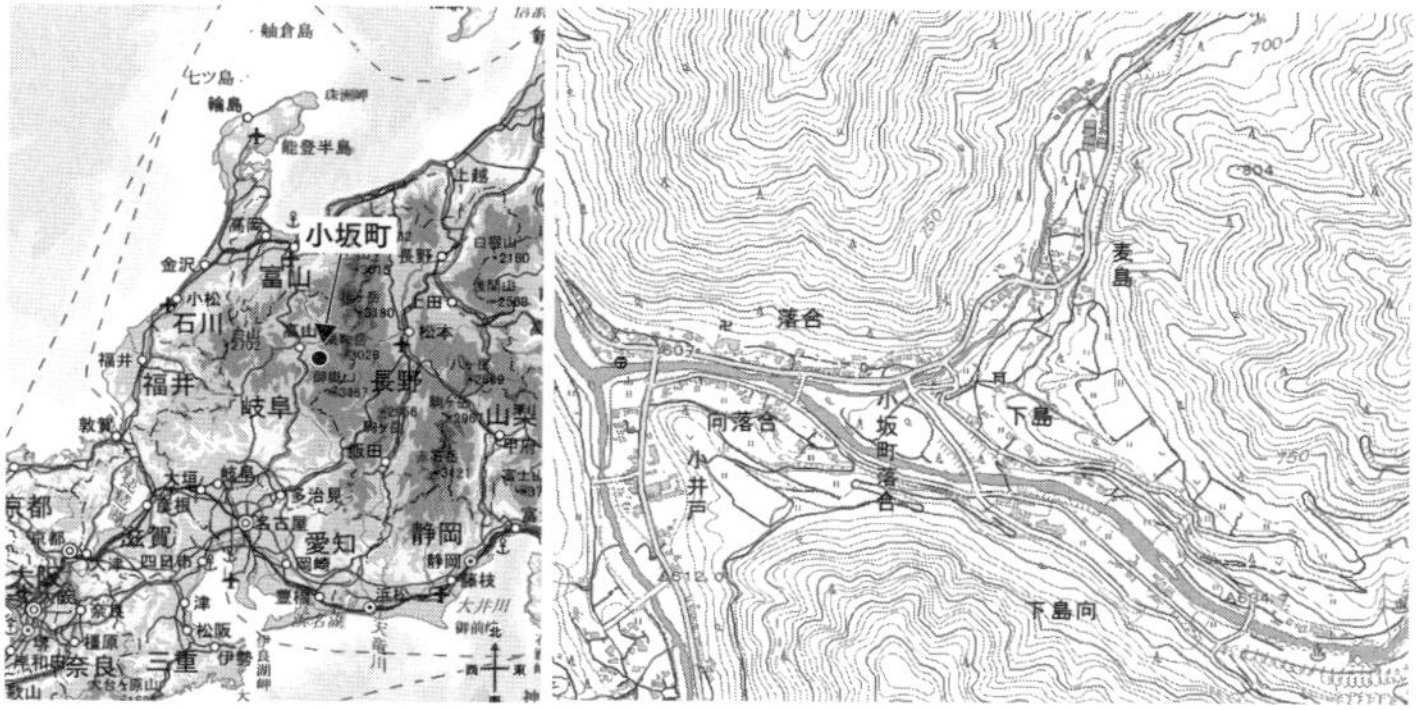

図６・４　下呂市小坂町落合地区（濁河地区を除く）

事例とするのは、岐阜県飛騨地方の中山間地にある地区（岐阜県下呂市小坂町落合地区）です。落合地区は、御嶽山の麓の小坂川と大洞川が飛騨川と合流する地点に位置しています（図６・４）。市が策定した災害ハザードマップでは、土砂災害、洪水、融雪泥流、地震などによる被害が想定されており、地区の大部分は土砂災害警戒区域に指定されています。地区の人口は２１８人（２０１５年）であり、その多くは高齢者です。地区住民の防災意識はさほど高くなく、防災対策をどのように進めるのかを模索していた下呂市は、同地区を地区防災計画のモデル地区に指定しました。

地区防災計画は、地域の住民が計画を策定するものです[12]。そこで、何をテーマとしてどのように取り組むのかを、地区役員、市、コンサルタント、専門家（著者）で検討しつつ実践することになりました[13]。

(2) 地域で防災を考える場をつくる

２０１６年～２０１８年にかけて実施された同地区の地区防災

表6・1　落合地区における地区防災計画の実践状況

	日時	内容	ワークショップの手法
1	2016年11月27日	地域の特徴を把握する	PRA
2	2016年12月10日	豪雨災害・土砂災害の避難を考える	EVAG
3	2017年 1月27日	地域の災害脆弱性を考える	図上演習
4	2017年 2月18日	避難生活を考える	防災クロスロード
5	2017年 3月25日	地区防災計画の策定	
6	2017年 6月 1日	落合地区自主防災会議	
7	2017年 6月11日	落合地区防災会議	
8	2017年 6月25日	避難訓練の実施（土砂災害）	
		避難訓練の振り返り	図上演習
9	2017年 8月18日	落合地区自主防災会議	
10	2017年 9月 6日	避難訓練の実施（地震）	
11	2018年 6月24日	避難訓練の実施（土砂災害）	
12	2018年 9月 2日	避難訓練の実施（地震）	
		H30年7月豪雨の振り返り	図上演習

計画策定のプロセスが表6・1です。

地区防災計画の取り組みは、最初に地域に住む人同士で意見を共有することから始められました。地区防災計画を市や専門家が説明し、そのうえで住民の意見交換が行われました。意見交換は、農村開発などで用いられる調査手法の一つ「参加型農村調査手法（Participatory Rural Appraisal）」を用いて行われました[14]。この手法には、地域に住む人が自分たちの地域の資源（「もの」「ひと」など）にどのようなものがあるのか意見を交換することにより、自分たちの地域の豊かさや抱える課題などの特徴を共有し、それを計画・行動に結びつける手法です。同じ地域に住んでいても、互いに「知っていること」「知らないこと」があります。「知っていること」「知らないこと」は、年代、性別、職業によっても異なります。計画策定支援にかかわる市の職員や専門家は、その地域に住んでいるわけでも、その地域に詳しいわけでもない「外部者（アウトサイダー）」です。従って、地域に住む人が互いの知見を共有し、それを活かしていく必要があります。

最初に地域の「良いところ」「足りないところ」「災害時に不安なこと」についての話し合いを行いました。地域の「良いところ」としては、「豊かな自然」「人間関係の良さ」が、「足りないところ」としては「過疎化」「高齢化」「交通の便が悪い」が挙げられました。また、「地区住民が知り合い」であるものの、「地域間の交流が少ない」「地域間の連携」が課題として示されました。「災害時に不安なこと」については、土砂災害や水害に関する意見が多く出されました。そこで、次の検討会では不安を解消するために豪雨災害時の避難について検討することになりました。

（3）地域コミュニティにおける人間関係

第２回の検討会では、コンサルタントの提案もあり、豪雨災害時の避難について「避難行動訓練ＥＶＡＧ[*4]」というゲームをしながら考えてみました。ＥＶＡＧは、小学生・仕事をしている人・高齢者・障害のある人など、様々な人の立場から災害時の避難行動を疑似体験できるロールプレイ型のゲームです。身近な環境とあわせて具体的に避難を検討できるよう、過去に地区で作成した防災マップを活用してゲームが行われました。そのうえで地域の避難をめぐる課題を議論しました。

写真6・3　ワークショップの様子

すると、最初は災害時に隣近所で声をかけあい避難する体制をどうつくるのかという話し合いが行われていたのですが、次第に「いざという時にどのように助け合えばよいのかわからない」「近所の人に助けを求めるべきなのであろうか」「地域住民は互いによく知っているものの、いざという時に団結できるかは疑問」というように、助け合うことが難しいのでは、という話になっていきました。

これは興味深い展開でした。というのも、一般に都市部に比べ地方の方が、近隣住民間の人間関係は密であり、相互に支え合って生活している、すなわちソーシャル・キャピタル（社会関係資本）が「豊か」であると考えられがちだからです。[15] 人間関係は密だけれども仲が良いわけではない、互いに助け合うことが難しいという議論からは、人間関係が密であることが逆に互いの「信頼」や「共助」を難しくしていることが考えられました。

さらに、議論が進むと「昔は今とは違った」という話になりました。いつ頃から人間関係に変化がみられたのかをたどると、かつては「祭り」や「運動会」のように地区で集まる行事があったものの、少子化により

２０１２年に地元の小学校が廃校となった。子どもがいないので「祭り」や「運動会」などの行事がなくなってしまい、皆が集まり交流する機会そのものが減っていることがわかりました。

このようにワークショップでは、避難についてのみならず、地域の人の人間関係や相互交流に関する状況も共有されました（写真６・３）。地区には人と人との交流の結節点となる「場」があり、落合地区では小学校がそのような「場」としての機能を担っていたものの、小学校が廃校となったことが、地域に住む人の交流や人間関係にも影響を及ぼしていたのです。

(4) 図上演習とリスクをめぐる課題

第３回の検討会では、地区のハザードリスクを地図上で共有する「図上演習」が行われました。演習に先駆け、事前に自宅近隣にある危ないと思う場所や、過去に災害によりどのような被害を受けたのかなどの情報を調べておき、それを持ち寄り地図上に共有しました。その結果、以下のことがわかりました。

第一に、落合地区はこれまでも繰り返し浸水・土砂災害による被害を受けていましたが、どのような被害を受けたのかが住民間で共有されていなかった点です。演習を行う前は、土砂災害に対する危機意識が高かったものの、実際には土砂災害だけでなく河川の氾濫・越流などによる被害もありました。集落間は橋梁で結ばれていることから、浸水や土砂災害が発生すると橋が渡れなくなり、指定避難所に避難できず、孤立する可能性がある集落が複数あることが明らかになりました。

第二に、ハザードマップに記載されている情報が正確に理解されていなかった点です。ハザードマップでは、土砂災害が発生した場合に家屋などの建築物に損壊が生じ、生命や身体に著しい危険が生じる可能性がある「土砂災害特別警戒区域」が赤色で、土砂災害により生命・身体に危険性が生じる恐れがある「土砂災害警戒区域」が黄色で、豪雨災害時に出水・浸水が想定されるところ、がけ崩れ・土砂崩れの恐れがあるところ、土石流が流れたところなどが「危険箇所」として示されていました。ところが、演習を行うと「赤は危ないけれども、黄色は大丈夫」と捉えている人や、自宅が土砂災害警戒区域に位置していることすら知らない人が複数いました。ハザードマップを配布するだけでは、理解されていないことがわかりました。

第三に、避難所として指定されている小学校（体育館）には「避難したくない」と考えている住民が複数いたことです。その理由としては、学校まで遠い、廃校となっているため水・電気などの設備が使えるのか不安である、地震が発生すると隣接する古い学校校舎が倒壊し体育館も被害を受けるのではないかなどの意見が出されました。

以上の議論からは、地区の人には過去の災害を知らず、自分の住む場所の危険性を知らない人がいることや、避難先の環境に不安を抱えている人がいることがわかりました。

(5) 小グループを単位とした避難計画

以上に述べた取り組みを通して、地区として優先的に取り組む課題が議論され、「豪雨災害時の避難体制」をテーマに計画を策定することになりました。集落が分散していることや高齢化が進んでいることからも、災害時に一人が多数の人を救助することは難しく、一人が支援できる範囲はせいぜい両隣、向こう3~5軒程度である。それならば隣近所3~5軒を1単位とする小グループをつくり、災害の危険が高まった時は小グループで安全を確認し、助け合い避難しようという「小グループを単位とした避難計画」という案がまとめられました。地区は1~6班から構成されているため、班ごとに3~5軒で構成される小グループ名簿が作成されました。小グループには、近隣住民に避難を働きかける「声かけ役」が決められ、声かけ役を中心に安全を確認し避難することになりました。

避難場所は、班ごとに検討することになりました。河川が氾濫した時に、指定避難所に避難することが難しい班もあります。そのような班は、無理に橋を渡らず地域内の安全な場所にある建物や個人宅を避難先にすることになりました。

避難先として土砂警戒区域にある地区公民館を利用することができるのかも検討されました。公民館は施設が新しく、日頃から地域活動に利用しているため、可能であれば避難したい。とはいえ、大洞川・小坂川が増水する場合は浸水・土砂災害の恐れがあり安全ではない。そのため、公民館を避難所として利用する場合は開設に先駆け、市と協議し、雨の状況に応じて利用を判断する、利用する場合は地域が主体的に対応することが確認されました。

以上に述べた取り組みは地区役員を中心に検討されましたが、その後回覧板を通して地区全体に周知されました。そのうえで地区住民全員を対象とした会議（地区防災会議）において詳細に内容の説明が行われました。6月には、土砂災害を想定した避難訓練が実施されました。新しい取り組みであることや、声かけの仕組みが全世帯の参加を促すものであったことから住民の関心も高く、全世帯が参加しました。避難訓練終了後は全住民が落合公民館に集まり、避難訓練における気づきを地図に記載して確認する「図上演習」が地区により実施されました。

訓練終了後には小グループの構成、声かけ役、避難場所が見直されました。２０１７年9月6日に下呂市は、市内全地区を対象とする総合防災訓練を開催しましたが、落合地区では6月19日に実施された土砂災害を想定した訓練と同様に小グループによる避難という独自の訓練が実施されました。

（6）西日本豪雨における落合地区の対応

地区防災計画策定過程で発生した２０１８年の西日本豪雨では、落合地区の集落の中心を流れる小坂川が氾濫、護岸・道路が崩落し、集落が一時孤立しました（写真6・4）。

当時の様子をたどると、6月28日の朝、河川が増水している様子を見た住民が地区長に連絡し、地区

写真6・4　平成30年豪雨災害時の様子河川氾濫により道路が冠水し孤立。避難経路も断たれた（提供：落合地区中谷前会長）

長が市（小坂振興事務所）と避難所の開設について相談し、落合公民館を避難所として自主開設し、7名の住民が自主避難しました。雨はその後も降り続き、翌29日にも不安を感じた住民が地区長に連絡し、市役所との協議により14時30分に落合公民館を避難所として自主開設しました。地区役員が要配慮者を迎えに行き、落合公民館に避難させました。下呂市は29日20時15分に小坂全域に「避難準備・高齢者など避難開始」を発出しましたが、その時点で落合地区では避難が完了していました。この時は小坂川が越水、護岸壁が崩落し、集落が孤立したものの人的被害はありませんでした。

7月5日の18時30分にも大雨警報が出され、住民からも避難したいとの要望が出されたことから、地区長は市に連絡し避難所を自主開設しました。下呂市は、23時5分に避難勧告を小坂全域に出しましたが、その時点で避難は完了していました。

このように落合地区では、市からの避難情報の発令より早いタイミングで、避難や避難所開設について協議され、地元の公民館を避難所として自主開設していました。2018年9月2日に実施された被災経験の振り返りでは、立退き避難した人からは、「他の独居の役員から電話で誘われた」「自主避難者からの連絡を受けた」「小グループの声がけ、独居の方に声をかけることができた。独居の方が集まってきた」などの意見が出されました。地区防災計画で検討した住民間で声をかけあう体制は機能していました。

（7）市と地区とのコミュニケーション

落合地区における地区防災計画の取り組みを概観すると、「小グループによる避難計画」という内容が定められる２０１７年3月頃までは、何をテーマにどのように計画を策定するのかが模索されました。しかしながら、計画の内容が決められた頃から、地区を中心に検討が進められるようになりました。また、地区は次第に積極的に防災事業を展開するようになっていきました。例えば、２０１７年6月に下呂市が地区から避難訓練の参加希望地区を募った時にも、地区は自主的に訓練への参加を決めました。９月に市が地震の避難訓練を実施した時には、「小グループによる声がけ避難計画」という独自の取り組みを決め、訓練終了後には全住民参加による図上訓練を実施していました。

なぜ落合地区では、地区を中心に防災対策が進められるようになったのでしょうか。２０１７年3月25日に実施された地区防災計画検討会の冒頭挨拶で地区長が「これまでの防災対策は、行政から一方的に地区に防災訓練の実施などの案内が届くものであり、今回初めて自分たちで何をしなければならないかを考えることができた」と述べました。

このことは、これまでの防災対策は行政から地区に情報を提供するだけの一方向の取り組みであり、地区自らが防災対策を考え実施する機会が全くなかったという課題を示しています。

これに対し、地区防災計画では住民の参画が不可欠です。住民が積極的に参画できるように、落合地区の地区防災計画の策定過程では、様々な防災学習ツール（ワークショップ、ＥＶＡＧ、図上演習、防災クロスロードなど）が用いられました（表６・１）。その過程で住民と行政とが繰り返し意見を交換することで互いの考え方の違いを知り、そのうえで解決策を検討するという双方向のコミュニケーションの機会が生まれました。例えば行政から「なぜその場所を避難所として指定しているのか」という根拠を聞くとともに、他の場所を避難所として活用することの妥当性について議論したことは、防災政策についての住民の理解を深めるとともに、自ら解決策を考える機会となり、そのことが主体的に行動することの必要性を認識させました。

4 住民参加型の防災と市町村の役割

以上に述べた事例は、地域コミュニティが災害対応の主役になるには、防災対策に住民参加を促す「機会」や、参加を容易にするための「方法論」が求められることを示しています。地区防災計画は住民の主体性を育むことにつながりますが、このような住民参加型の防災計画を策定できるようにするにあたり市町村に求められる役割は、これまでの防災の取り組みとは異なっています。

これまでの防災は、行政が防災に関する知識を持っており、それを防災についてさほど知らない住民に「届ける（reach）」ことを意図した、「アウトリーチ型（outreach）」の活動といえます。例えば、第5章の避難情報の事例でいうならば、行政は避難が必要なタイミングで避難情報を届けるので、住民は行政の情報に基づき適切な行動を取る（避難する）ことが期待されています。避難が難しいのは住民が防災についての必要な知識を持っていないためであり、ハザードマップの配布や避難情報に対するリテラシーを高めることが、最善の解決策だと考えられていました。ところが、これらの取り組みだけでは、住民の避難にはつながりません。

これを変えるには、地域住民が主体的に防災を考える「住民参加型」の防災が求められます。自分の住む地域のハザードリスクを身近な周辺環境と合わせて具体的に考え、防災政策を住民自らが検討・実施する取り組みです。そのためには、地域の反応をみながら、地域が独自に解決策を見出すプロセスを支える必要があります。アウトリーチ型の防災活動では、「ここが危ないので災害時は避難しましょう」と取るべき行動を伝えさえすればよかったのですが、住民参加型防災活動では、計画をどのように策定するのかという策定手法を示す「手引き」や「ガイドライン」、計画策定のアドバイスを行う人材派遣、災害を実感させる学習ツールの活用を考えなければなりません。また、地域の人が身の回りのハザードリスクに対する理解を深めることや、防災に対するモチベーションを高め、維持する必要があります。

これは市町村にとって容易ではありません。なぜなら、地区防災計画を作成するための方法論は未だ確立されていないからです。また、地区防災計画は新しい取り組みのため、市町村職員の多くは、そのような取り組みの経験がありません。市町村の防災担当職員の数は限られており、サポートできることには限度があります。市町村職員といえども、その地区に居住していない人もいます。その場合は、その地区の地勢情報や社会情報、人間関係を知るところから始めなければなりません。

地区防災計画を進めるにあたり、独自の取り組みを進めている市町村もあります。例えば、高知県黒潮町は「職員地域担当制」という仕組みをつくっています(16)。黒潮町は、南海トラフ地震が発生すると町内61地区のうち40地区が浸水すると想定されています。61地区全ての地区で対策を進めることは、防災担当職員だけでは困難です。そこで、全職員を防災担当と位置づけ、地域ごとに担当職員が割り振られています。全ての職員が、それぞれの担当地区で防災ワークショップを開催し、避難場所や避難経路の確認を行っています。第1章で述べたように、災害対応は全庁的に取り組む事項であるならば、そのための備えについても全庁的に取り組むことが求められるはずです。それを実践している事例です。

大阪府八尾市では、コミュニティ・センターが中心になり地区防災計画の策定が進められています。日頃から地区と密接に活動を展開するコミュニティ推進員(課長補佐相当)が主担当となり、地区防災計画に取り組むことにより、地域の実情に即した計画を目指しています。このような取り組みを行うのも、災害時には危機管理課の職員だけでは対応が難しいという危機感があるからです。市では避難所対応のために職員を3名配置していますが、過去の被災地支援の経験からこれらの職員だけでは避難所の問題を解決することは難しく、地域の協力は必須です。そのため、地区防災計画を通して、平時から地域を主役とする災害対応体制の構築を進めています。

これらの取り組みは、市町村職員と地域の人とが、災害対応という共通の問題解決のために何をすべきか率直に対話するコミュニケーションの必要性を示しています。災害対応に行政がどのように取り組んでいるのか、行政にできること／できないことが何であるのかについての地域の人々が認識することは、いざという時に「公助」に依存するのではなく、「共助」で問題を解決しなければならないことを認識させ、それが地域活動を再活性化させることにつながります。

5　共助により地域の災害対応力を高める

本章では、災害時の地域コミュニティの共助の特性について検討しました。地域コミュニティによる共助は、住民にとって最も身近な公共として、多様な領域から被災者の生活を支えます。しかしながら、平常時には地域コミュニティがそのような役割を担っていることを認識する機会はほとんどありません。

もともと日本の災害対応体制は、地域コミュニティによる共助を基本としていましたが、現在では公助への依存が大きくなり、共助が脆弱になっています。このような状況が続くと、いつしか共助が消滅

し、公助や自助を主体とする社会になりかねません。薄れつつある共助の役割を再認識させることは、岐路にある日本の防災体制の変革を促すうえでも意義があります。地域による災害対応力を上げるには、共助の役割を再認識させる取り組みが求められます。そのための方策の一つが、地区防災計画のような住民参加型防災計画の仕組みです。

ただし、これを実現するには市町村の防災対策アプローチの転換が求められます。これまでの防災対策は、行政から住民へ一方向で知識や情報を伝える「アウトリーチ型」でしたが、これからは地域住民と行政とが共同で問題解決を目指す「コミュニケーション型」です。そのためのノウハウはこれから積み上げていかなければなりません。

地域コミュニティは、これからの日本の防災政策の原動力となります。なぜなら、地域が直面している課題に対する問題意識を強く持っているのも、愛着を持っているのも、解決策を見出す力を持っているのも地域だからです。地区居住者を中心とする共助は、災害対応の最小の単位でありながらも、災害時に住民の命を守るとともに、持続可能な地域をつくる基盤となる大切な資源です。

補註

＊１　「当該計画を踏まえて市町村地域防災計画に地区防災計画を定める必要があるのかを判断し、その必要があると認める時は、市町村地域防災計画に地区防災計画を定めなければならない」（災害対策基本法第42条２項）

＊２　高橋高雄「災害の倫理解説」[3]より。

＊３　内務省訓令17号「部落会町内会整備要領」１９４０年9月11日

＊４　ＥＶＡＧについては以下のサイトを参照のこと。https://www. jce. co. jp/csr/disaster-education-evag/

参考文献

（１）内閣府『防災白書』２０１４

（２）西澤雅道「地区防災計画制度創設の背景とその趣旨（第２章）」室﨑益輝・矢守克也・西澤雅道・金思穎『地区防災計画の基礎と実践』弘文堂、２０２２

（３）ナオミ・ザック『災害の倫理』勁草書房、２０２０

（４）地域コミュニティに関する研究会「地域コミュニティに関する研究会報告書」総務省、２０２２

（５）室﨑益輝「地区防災計画の必要性と方向性─「自助、共助、公助」を乗り越えて（第１章）」室﨑益輝・矢守克也・西澤雅道・金思穎『地区防災計画の基礎と実践』弘文堂、２０２２

（６）引地博之、青木俊明、大渕憲一「地域に対する愛着の形成機構─物理的環境と社会的環境の影響」『土木学会論文集Ｄ』Vol. 65, No. 2, pp.101-110、２００９

（７）内村鑑三『代表的日本人』岩波書店、１９９５

(8) ラフカディオ・ハーン（柏倉俊三訳）『神国日本―解明への試論』平凡社、1976
(9) 小泉八雲（平井呈一訳）『仏の畑の落穂他』恒文社、1975
(10) 本庄榮治郎『常平倉の研究』内外出版、1925
(11) 姫路市『姫路市史　第4巻本編　近世2』2009
(12) 内閣府「地区防災計画ガイドライン―地域防災力の向上と地域コミュニティの活性化に向けて」2014
(13) 阪本真由美、小山真紀「地区の主体性回復と災害時の避難に関する一考察―下呂市小坂町落合地区における地区防災計画と平成30年7月豪雨」『地区防災計画学会誌』No. 15, pp.34-42、2019
(14) ロバート・チェンバース（野田直人監訳）『参加型開発と国際協力　変わるわたしたち』明石書店、2000
(15) ナン・リン（筒井淳弥他訳）『ソーシャル・キャピタル―社会構造と行為の理論』ミネルヴァ書房、2008
(16) 矢守克也「地区防災計画―7つの誤解と7つのホント（第3章）」室崎益輝・矢守克也・西澤雅道・金思穎『地区防災計画の基礎と実践』弘文堂、2022年

おわりに

1　連携と協働のためのコミュニケーション

本書を読んで、市町村の災害対策がどのように動いているのか、災害時の避難所運営がなぜ上手くいかないのか、避難情報がどのように出されているのか、おわかりいただけたでしょうか。

日本の災害対策は、地方自治体の権限が強いボトムアップ型のシステムですが、これは被災した人に寄り添い命を守ることを重視しているためです。住民を大切にシステムが構築されている点と、災害の状況に応じて柔軟に組織体制を変化させることができる点に優れた、ユニークなシステムだと私は考えています。想定外の災害でも即興でも対応しやすい仕組みです。とはいえ、ボトムアップ型の災害対応体制で災害を乗り越えるには、組織マネジメント能力が不可欠です。また、自分の自治体だけで対応することは難しく、連携と協働も必要です。それを進める鍵となるのがコミュニケーションです。最後に、連携のためのコミュニケーションのポイントを整理しておきます。

市町村間の連携においては、それぞれの組織内の上司・部下の関係、指示系統、役割分担が市町村により異なっていることを理解しておく必要があります。組織間連携を効果的に行うために、アメリカでは災害対応に関わる自治体の組織構造をインシデント・コマンド・システム（ＩＣＳ）に基づき標準化し、指揮命令系統を明確にすることで外部からの支援調整を行いやすくしています。ところが、日本ではＩＣＳのような標準化という考え方は浸透していません。災害対応のための組織体制は市町村により異なります。唯一共通しているのは、「災害対策本部」という体制です。従って、災害対策本部を機能させることが大切です。本書で取り上げた災害対策本部をどう設置して運営するのか（第1章）、災害対応業務と平常業務のバランスをどう取るのか（第2章）、自治体間の支援をどのように災害対応に組み込むのか、情報をどのように共有していくのか（第3章）はいずれも即興で対応が求められるポイントです。組織体制を柔軟に変えて対応することに加えて、被害が大きい時は、他の組織との連携は不可欠です。即興で対応しなくてもよいように相互応援協定などを通して関係を構築することや、大規模な支援を想定した受援訓練を実践しておくことも大切です。

行政と住民が連携するには、コミュニケーション・ギャップを知ることです。災害時に用いる「言葉」をとっても、行政と住民とではコミュニケーションがうまく取れていません。その典型的な事例が第5章で述べた避難情報です。市町村は、被害が発生しないよう、住民の立ち退き避難が必要なタイミングで「避難指示」を出していますし、「避難指示」を的確に出せるよう様々な取り組みを行っています。けれども、「避難指示」を発令するためにどれほど情報収集をして、工夫しているのか、情報を出すための努力と情報に込められた「避難してほしい」という強い思いを住民は知りませんし、それを伝えるための取り組みもほとんど行われていません。

行政は責務として災害対応を行い、その責務が行き届かないところを共助が補完することを期待しています。これに対し、住民にとっての共助は責務ではなくボランタリーな活動です。そのような共助を機能させるには、ボランタリーな活動を活性化するための取り組みが大切になります。市町村がどれほど頑張ったとしても、肝心の住民が主体的に行動しない限り災害対応は機能しません。そう考えると、日本の災害対策システムは、住民・地域・行政が、互いが「できること」「できないこと」に対する理解を深め、他者を信頼し助け合ってこそ機能する、いわば信頼と連携に基づくシステムです。そのためにも、互いの考え方を知る「場」を設置し、コミュニケーションを通して信頼を育むことが大切です。

私たちの暮らしを支える最小単位は地域コミュニティです。東日本大震災では壊滅的な被害を受けた地域を訪れた時に、人々が互いに声をかけあって避難し、その後の生活を互いに支え合っている姿が印象的でした。そこには「支援する人」「支援される人」、「行政」「住民」の区分はなく、人として支え合っていました。首都直下地震、南海トラフを震源とする地震、日本海溝・千島海溝を震源とする地震のように、複数の大規模災害が想定されています。どれほど大きな災害であっても暮らしを支えるのは、常に人でありコミュニティです。大災害を乗り越えるには、いざという時に一人一人が主役として行動し、支え合うことができる地域づくりを行うことこそが、災害への最大の備えです。そのような人やコミュニティへの信頼に基づく災害対策システムを構築することが、自治体に求められています。

2　過去の災害対応に学ぶ

私自身の減災復興研究の原点となっているのは阪神・淡路大震災です。阪神・淡路大震災が起きた時、私は神戸大学の大学院生でした。住民の立場からは、行政の災害対応に対してたくさんの不満と疑問がありました。なぜ大規模な火災を鎮火できなかったのか。六甲の水は商品化されて販売されているほど地下水で有名な地域なのに、なぜ飲料水を住民に提供できなかったのか。なぜ神戸で地震が起きないと思い込んでいたのか。なぜ学校が避難所となることを私たちは知らなかったのか。なぜ避難所はあれほど混雑して食事や物資が行き届かない状況が続いたのか。それらの疑問への答えを模索し防災研究者になりました。

2011年の東日本大震災が起きた時は、阪神・淡路大震災後に設置された研究機関である人と防災未来センターの研究員であり、災害発生直後から災害対応に関わることになりました。宮城県の災害対策本部において、命を守るには何が求められるのか、次にどのような対策を取らなければならないのかを必死で考えました。自然の猛威を目の当たりにするとともに、刻一刻と状況が変わる現場において、災害対応がいかに難しいものなのかを実感しました。研究者としては、それまで自分の専門領域の研究さえしていればよかったものが、防災研究者であるからには、あらゆる分野における専門知識が求められることを思い知らされました。そのような状況において支えとなったのは、阪神・淡路大震災をはじめとする過去の災害対応の経験のある自治体職員の方々や先輩の研究者のアドバイス、そして人と防災未来センターにある膨大な資料でした。過去の災害の知見を蓄積し、それを災害対応に活用することが何よりも大切であることを実感しました。

本書は、災害対策システムの理解を深めるとともに、災害現場での対応に悩む自治体職員の皆様の業務の参考になればという思いから執筆しました。本書を構成する各章には、新たに執筆したものや、これまで執筆した学術論文、その他の原稿を大幅に修正したものがあります。研究を進めるにあたり、協力してくださった自治体職員の皆様には心より感謝しております。

執筆にあたっては、学芸出版社の中木保代さんの手厚い支援を得ました。倉敷市真備町でのワークショップにも足を運んでいただき、アドバイスをいただいたことに心より感謝しています。江藤洋平さんには、私の拙い説明をわかりやすいイラストに仕上げていただきました。原稿を繰り返し読み、アドバイスをしてくれた家族にも感謝しております。

日本の災害対策システムは、過去の災害対応の知見を経て変化してきています。これからも変化し続けることでしょう。本書を手にしていただいた皆様が、これまでの取り組みを参考に、さらなる改善策を考え、実践していただけると嬉しいです。私も一緒に考え、取り組んでいきたいと思います。

〈著者略歴〉

阪本真由美（さかもと　まゆみ）

兵庫県立大学減災復興政策研究科教授

専門は、減災コミュニケーション、防災教育、地域防災。災害による被害を軽減するとともに、地区防災計画・個別避難計画などを通した災害に強い地域づくりに取り組んでいる。国際協力機構（JICA）で開発途上国への国際協力に携わった後に、京都大学大学院情報学研究科博士後期課程修了。博士（情報学）。人と防災未来センター、名古屋大学減災連携研究センターを経て現職。国土強靭化推進会議委員、兵庫県防災会議委員、内閣府個別避難計画作成モデル事業アドバイザリーボード委員など。令和６年防災功労者防災担当大臣表彰受賞。

地域が主役の自治体災害対策

参加・協働・連携の減災マネジメント

2025年1月20日　第1版第1刷発行

著　者　　阪本真由美

発行者　　井口夏実

発行所　　株式会社学芸出版社
京都市下京区木津屋橋通西洞院東入
電話075-343-0811　〒600-8216
http://www.gakugei-pub.jp
Email：info@gakugei-pub.jp

編集担当　中木保代

ＤＴＰ　　梁川智子

装　丁　　美馬　智

イラスト　江藤洋平（みぎにひつじ）

印　刷　　イチダ写真製版

製　本　　新生製本

ISBN978-4-7615-2918-5